读客文化

华与华

华杉 华楠 著

超级符号案例集3

同一个创意套路又诞生上百个经典案例，21 年来不断助力各行业打造超级品牌

江苏凤凰文艺出版社
JIANGSU PHOENIX LITERATURE AND
ART PUBLISHING

图书在版编目（CIP）数据

华与华超级符号案例集 . 3 / 华杉 , 华楠著 . —— 南
京 : 江苏凤凰文艺出版社 , 2022.9
　　ISBN 978-7-5594-6908-3

　　Ⅰ . ①华… Ⅱ . ①华… ②华… Ⅲ . ①企业管理－案
例－中国 Ⅳ . ① F279.23

　　中国版本图书馆 CIP 数据核字 (2022) 第 108163 号

华与华超级符号案例集 3

华 杉　华 楠　著

责任编辑	丁小卉	
特约编辑	孙宇昕	李悄然
封面设计	吴 琪	
责任印制	刘 巍	
出版发行	江苏凤凰文艺出版社	
	南京市中央路 165 号，邮编：210009	
网　址	http://www.jswenyi.com	
印　刷	河北中科印刷科技发展有限公司	
开　本	890 毫米 ×1270 毫米 1/32	
印　张	9.5	
字　数	237 千字	
版　次	2022 年 9 月第 1 版	
印　次	2022 年 9 月第 1 次印刷	
标准书号	ISBN 978-7-5594-6908-3	
定　价	68.00 元	

江苏凤凰文艺版图书凡印刷、装订错误，可向出版社调换，联系电话：010-87681002。

华与华品牌五年计划
2021第八届华与华百万创意大奖赛演讲实录

（华　杉）

　　今年我给大家安排的年度分享，叫作"华杉讲透华与华品牌五年计划"。

　　这听起来好像是在推荐产品，但其实我分享的是"怎么系统地建立起一个完整的品牌"，听完你就懂了。

1
有一个价值导向，就有一个奖项

我们有两个奖项，一个是华与华百万创意大奖奖盘，一个是2022年将要颁出的华与华首届500万品牌管理五年大奖赛的奖杯。

2022年是华与华成立20周年，我们将举办首届华与华500万品牌管理五年大奖赛，还要举办首届华与华超级符号品牌设计展。

华与华500万品牌管理五年大奖赛，只有那些持续服务一个客户满五年以上，而且中间没有间断过的项目组，才有资格参赛。第一名奖金500万，第二名奖金150万，第三名奖金100万，入围者奖金也有25万。

2022年7月8日我们会颁发这个奖，而且12月第九届华与华百万创意大奖赛照样举行，所以在2022年华与华光是案例的奖金就会超过1000万。

华与华一直在说"创意改变命运"，当我们有这样的价值导向，我们就需要有一个对应的奖项，当我们有一个超级价值导向，就需要有一个超级奖项。华与华的价值观是"一切拿钱说话，不玩虚的"。

除了500万品牌管理五年大奖赛之外，我们明年还会举办首届华与华超级符号品牌设计展，场地选在上海西岸艺术中心，这是上海顶级的展馆之一[1]。

从来没有一个公司能把自己的作品拿出来举办这么大的展览，我相信我们明年将办一个上海最大的品牌设计展。整个展览的预算已经超过1000万了，这会是我们明年的一大盛事。

这背后展现的，还是华与华方法——刺激信号的能量越强，则行为反射越大，要想能量大，一定要花大钱。欢迎大家明年7月的时候，来看我们的20周年活动。

---

1 由于不可抗力的因素影响，改为线上展览。

接下来进入今天的主题，我先讲几个有关品牌的基础理论，然后再详细讲解华与华的品牌五年计划。

2
品牌的基础理论

2.1 什么是品牌？

首先，我要问大家一个问题，到底什么是品牌？今年，我把华与华用了十几年的广告语"超级符号就是超级创意"改成了"超级符号就是超级品牌"。

"超级符号就是超级创意"，这个口号是在2008年确定的，那个时候是电视广告的黄金时代，我们还在拍田七牙膏、三精蓝瓶、黄金搭档、黄金酒等广告。

华楠说，现在客户不懂也不需要品牌，客户最需要的是创意。所以，我们定了"超级符号就是超级创意"这个口号。

但今天，客户和华与华的位势都不一样了，现在我希望来华与华的客户，不是那种想要一步登天、赌一把的客户，而是那种能够托付终身，让我们两家公司成为世交，能代代相传的客户。

我们想要的是希望建立品牌、基业长青的客户，所以我们更改了广告语。

品牌的各种定义 So What?!

品牌符号说：品牌是区分的标志，用以识别，同时品牌是速记符号，是更有效沟通的代码。——营销学者 麦克·威廉

品牌形象说：品牌是一种你赋予公司或产品的独有的、可视的、情感的、理智的和文化的形象。——营销大师 菲利普·科特勒

品牌关系说：品牌是产品与消费者之间的一种特殊关系，是一种价值传递机制。——奥美

品牌是指能为顾客提供其认为值得购买的功能利益及附加价值的产品，而附加价值是品牌定义中最重要的部分。——约翰·菲利普·琼斯

品牌就是产品、符号、人、企业与消费者之间的连接和沟通。——品牌专家 戴维·阿克

多要素综合说：品牌是以某些独特的品质属性为特征的事物的集合。——杜纳·E.科耐普

屏幕上这些定义，都是世界上比较有权威的人对品牌下的定义。但是看完这些，我发现他们说的都有一个共同的特点，就是没用。

我对一些讲品牌的理论，非常不满意。我认为在品牌理论发展近100年的时间里，还没有出现一个合格的品牌理论。

到底什么是品牌？要找一个词的定义，最直接的办法就是去查字典。《新华字典》里对"品牌"一词的解释：品牌就是产品的牌子，特指著名产品的牌子。

所以，"品牌就是产品的牌子"，当一个产品出名了，它就成了品牌。华与华在字典解释的基础上，发展出了世界上首个合格的、完善的品牌理论——华与华品牌三角形。

在座的肯定有人觉得，你说是合格的就是合格的吗？你有资格这样说吗？我当然有，今天你不承认，再过10年、20年你就会承认了。为什么我说"华与华品牌三角形"是首个合格的品牌理论？

判断一个理论是否成立，有两个标准：

> 首先，理论是用来解释一切的，你能解释这个领域的一切现象，不能有一个反例，这就叫理论。
>
> 其次，理论必须完全穷尽，所有跟这个相关的事，都说完了。

康德在《纯粹理性批判》里面写道："我将建立纯粹理性批判的哲学，当我建起哲学的大厦，所有有关纯粹理性批判的事，都在这个大厦里面，而且这个大厦里面的东西，没有任何一件与纯粹理性批判无关。"

如果我们要建立一个品牌的理论，那当这个理论的大厦建起来之后，所有和品牌有关的，都要包含在这个大厦里面，所有这个大厦以外的事，没有一件和品牌有关，这就是完全穷尽了。

然后，我们要把这个大厦切割成不同的房间，形成科学的架构，每个房间的概念，互不重叠。既能完全穷尽，又能相互独立，这才是一个标准的理论。

比如，关于营销的理论，我反复强调的只有一个，就是4P理论。除了4P理论外，其他一切都不能称之为合格的营销理论。

因为你说不出任何一件有关营销的事和产品、价格、渠道、推广都无关。只要你说关于营销的事，要么就是产品，要么就是价格，要么就是渠道，要么就是推广，肯定没有第五个事。

当然，也有人不服，搞了一个"第5P"，说可以加一个"Package"（包装）。这有什么问题？包装和产品的概念有重叠。

在华与华看来，包装就是产品，包装设计就是产品的再开发。同时包装和推广又是重叠的，我们就是把包装作为最重要的推广工具，所以"第5P"是多余的。

　　理论也要止于至善。当我们去建构一个品牌的理论时，就要按4P的标准去建构它，但是我没找到4条，我就只找到了3条，构成了华与华品牌三角形。

2.2 华与华品牌三角形

　　华与华品牌三角形，就是产品结构、话语体系和符号系统。

　　产品结构：不管你要做一个什么样的品牌，首先得有产品，产品是品牌的本源。不管你是物理意义上的产品还是服务产品，甚至观念上的产品，总之你一定是有产品才会去建立品牌。

　　话语体系：有产品就一定会有产品命名、产品定义，这个命名和定义就是品牌的话语体系，是品牌的文本传达。

　　华与华还将企业的事业理论、产品科学、品牌话语、企业文化等，全都纳入品牌话语体系，并入品牌管理中。

　　符号系统：每个产品或品牌，它都有一个感官上的体验。看着像什么样子，听上去是什么声音，摸起来是什么触感，闻起来是什么气味，吃进去是什么味道……这些品牌的感官信号就是它的符号系统。

前面我们说营销的唯一理论是4P，当我们要改变一个营销策略时，我们有4张牌可以打：要么调整产品，要么调整价格，要么调整渠道，要么调整推广。

那我们回过头来看品牌，如果我们要解决某个品牌的问题，要么就解决产品问题，比如产品的开发、产品推出的次序；要么就调整话语体系，调整我们对外宣传的内容，比如产品文案、广告话语等；要么就重新设计符号系统，比如包装设计、品牌角色等。

我们也可以从自然辩证法的角度来理解：产品终归要体现为一个东西，是物质；而话语体系是用来解释产品的，是意识；物质决定意识，意识对物质有能动作用。华与华方法说，一切营销传播都是符号的编码和解码，超级符号运用的是人类的集体潜意识。

所以产品结构、话语体系和符号系统这三条边，实际上也是物质、意识和潜意识这三个方面。

其实这个三角形，我已经画了十几年，但是直到今年我才把它提升到这样的高度，把各个关节全部打通。当时我的脑海里浮现起一句话——I服了Me!

大家可以看到，在话语体系里面，不仅有产品的话语、品牌的话语，我们还把企业的事业理论、产品科学、企业文化都纳入了话语体系中，这样我们就把企业的战略公关、企业社会责任、公益全都纳入了品牌管理，诞生了我们的品牌战略管理服务。

在华与华品牌三角形的两边，我们分别拉出了两条"翅膀"，在话语体系这边的翅膀，就是"品牌谚语"；在符号系统这边的翅膀，就是"超级符号"。

华与华品牌三角形就是一个品牌的格局，是一个品牌的完整架构。所以我说它是世界上首个完善的品牌理论，我相信它将会是世界通行的标准品牌理论。

我们所有服务的客户，不管是什么行业，不管与我们合作多久，华与华在与其合作过程中所用的方法其实每年都是在不断地回到这个品牌的三角两翼中。我们持续改善它的产品结构、话语体系和符号系统，直至这个体系臻于完善。

解决了什么是品牌的问题，我们再来看第二个问题：什么是品牌资产？

2.3 什么是品牌资产？

今天在座的听众有很多广告公司、品牌咨询公司的老板，大家在服务客户时也会讲品牌资产，那我们要怎么定义品牌资产？

在华与华跟浙江传媒学院合作的超级符号研究所中，老师们研究了关于品牌资产的说法，全球有600多种定义。我选取了其中比较有影响力的三种说法：

你们看，它们的共同特点是什么？我看还是没用。

原来华与华的老客户，康必得的老板，我们叫他庚叔，他说过一句话很有嚼头。他说："有些东西，你要说它没用，你也不敢说，因为看上去很厉害。但是你要说它有用，反正放哪儿也用不上。"

我们是不是经常会遇到这样的情况，为什么华与华的东西老被人说接地气？因为我们的东西，只要你想用，马上就能用得上，这才是真正的理论。

华与华认为，所谓品牌资产，就是能给企业带来效益的消费者的品牌认知。既然是资产，它必须得带来效益，如果不能带来效益，那就是不良资产，是负资产。

那对于品牌来说，什么是效益，什么是品牌认知？我们所有企业都需要找顾客要两个效益：第一，买我产品；第二，传我美名。

就像华与华找在座的客户要两个效益：第一，持续购买华与华的服务；第二，逮谁就跟谁说，华与华真的好，你一定要找华与华做策划。

向人推荐买某个东西，是不是需要一个理由？不然你怎么推荐？这就要求企业有供他人识别、记忆、谈说的词语、符号、故事。

这样一来，我们就自然而然形成了对品牌资产的定义——品牌资产，就是品牌言说。能对外言说的，就是品牌资产；不能对外言说的，就不是品牌资产。

大家可以体会一下，这是最深刻的语言哲学。世界是说出来的，能说出来的就存在，说不出来的就不存在。

不信你现在就站起来，跟我说一件不存在的东西。从哲学的层面来说，世界是活在我们嘴上的，能言说的，才是存在的。

大家要记住，能言说的就是品牌资产，不能言说的就不是品牌资产。

我们所有的动作，也就有了一个判断标准：一切以是否形成资产、保护资产、增值资产为标准。能形成资产的，就做；不能形成资产的，就不做。

2.4 华与华的语言哲学

在华与华品牌三角形里，我们看到的基础，好像是产品结构，是物质。

实际上这个三角形，可以逆时针旋转120度，让话语体系变成底边。因为我们的产品必须要可言说，所以符号也必须要可言说。实际上，话语体系是我们最重要的一条边。

既然都要可言说，那所有的语言必须是口语，不能用书面语。只有口语，才能让所有人都听懂，或者说，才能让尽可能多的人听懂。想要让所有人都能听懂，这就要基于人类共同的文化契约。

什么叫共同文化契约？这是符号学的一个基础。比如，说出"狗"这个词，我们所有人都知道那是指"狗"，因为这是我们所有人都约定了那个东西就叫"狗"。

这是符号学所讲的能指和所指，能指是"狗"这个词，它所指的就是狗。这是一个约定，类似于这样的约定，我们就把它称为文化契约。

如果你要设计组合一个东西，那它最好是能跟全世界，至少是跟全中国的人都有文化契约，这样才能产生沟通。如果你做个东西，只有你自己能看懂，那就跟谁都没有契约，只能孤芳自赏，就是传说中的"自嗨"。

这是华与华的语言哲学，去年的年度演讲，我讲了与营销传播相关的四个重大的语言哲学问题：

1）**词语就是召唤。**比如KK少年就有召唤，它能召唤少年，让少年对号入座，而它原来的名字"今童王"就没有明确的召唤。

2）**词语不仅说事而且做事。**当我们改名叫KK少年之后，我们就转变了企业战略，做了少年装，而且让全公司所有的经销商和消费者来参与这件事。

3）**语音居于语言的首要地位。**和语音相对的是文字，而文字从属于语音。所以文字一定要能转化为语音，也就是可言说，这样才能传播。传播是一种听觉现象，比如做平面设计一定要能够进行听觉的转换，最好就是能看图说话。

4）**口语高于书面语。**口语是语言的第一属性，任何语言都是先有口语，后面才有的书面语。华楠讲"俗语不设防"，当你用口语的时候就能绕开人的心理防线。所以华与华品牌口号的创作标准，是谚语的标准。

我希望大家能从语言哲学上来理解华与华方法。

为什么要用口语，已经跟大家解释了。那为什么有些人更愿意用书面语？其实这也是一种"病"。

在历史上，书面语和文字是由精英阶层垄断着的，有些人为了显示自己属于精英阶层，就总是希望用书面语，而不使用劳动人民的口语去表达。

除了口语和书面语，我还注意到另一种形式的语言，比如六个核桃之前用过的广告"狂烧脑，会闪耀"，这种语言形式在广告里面出现得特别多。首先，它不是口语；其次，它也不是书面语，你在报纸上、书上，肯定读不到这样的话。

人们用书面语，是为了显示自己是精英。但是对于广告人来说，显示自己是一个精英还不够，还要显示自己是一个专业人士。

为了区别于其他精英，我们创造了一种新的"语言"，我把它称为"广告新话"。"新话"这个词是我从小说《1984》里借用来的。

这些广告新话，由于它既不是书面语，也不是口语，所以它既不具备书面沟通的能力，也不具备口语沟通的能力，它就完全没有沟通力。

有些广告人，就致力于创造出那种最没有沟通力，只能孤芳自赏的广告新话。这就是这个行业的"病"，我就是来给大家"治病"的。

品牌的基础知识就讲到这里，接下来，我来具体讲一下华与华的品牌五年计划。

3
华与华品牌五年计划

我为什么要讲华与华品牌五年计划，为什么要办华与华500万品牌管理五年大奖赛？因为对咨询公司来说，最大的痛苦就是客户没有跟我们续约，离我们而去。

所以，我就在华与华的产品结构里面增加了一个产品，叫"华与华品牌五年计划"。

实际上，我增加的是两个产品：第一个产品是"华与华品牌五年计划"，你一次买我五年的产品，五年为一疗程；第二个产品就是我们每五年举办一届的"华与华500万品牌管理五年大奖赛"。

这是我对华与华品牌的调整，在产品结构里增加了两个产品。相应地，我也就在华与华的话语体系里面，增加了品牌五年计划的话语体系，这也是我接下来要讲的具体内容。

这是不是就回到了华与华品牌三角形里面？华与华的任何"药"，都是先给自己吃了，所以你们可以放心吃。

"华与华品牌五年计划"分为三个阶段。

第一个阶段是品牌筑基年：超级符号，持续改善；
第二个阶段是营销日历年：营销日历，品牌生物钟；
第三个阶段是社会公民年：企业社会责任，品牌积德。

华与华品牌五年计划

我们希望通过年三个阶段，去构建起一个完整的品牌，建立长效品牌机制，终身积累品牌资产。

3.1 华与华品牌五年计划第一阶段：
   超级符号，持续改善

第一阶段是品牌筑基年，重点是要完成一次超级符号的革命，播下一粒持续改善的种子。

超级符号大家都很熟悉，华与华超级符号对品牌的贡献，就是把品牌从不可言说变成可言说，从众说纷纭变成定于一说。

我们做的所有品牌的超级符号，都能明显地分为"华与华前"和"华与华后"两个阶段。

西贝莜面村，在华与华之后就有了"I ❤ 莜"，有了一套体系。所以贾总说在遇到华与华之前不知道什么是品牌，遇到华与华之后才知道了品牌是怎么做的。

海底捞经过华与华改造后，也从原来的不可描述，变成全世界都认识的"Hi"。莆田餐厅也从一朵浮云，变成了水波纹这样强势的形象。

还有盼盼、华莱士、蜜雪冰城，等等，之前的形象都不可描述，无法言说，经过华与华改造之后就变得可描述。

很多设计公司，致力于通过设计提高品牌识别、记忆的成本，把东西设计得看不出是什么，才觉得是做了设计。

而华与华要求的是看图说话，把不可言说定于一说。只有定于一说才能成为口碑，有口碑就有碑文。碑是在石头上面刻字，所以口碑不能讲你的口碑好还是不好，要讲你的碑文，碑上面到底刻了什么字。

在华与华服务的第一年里，从超级符号到品牌谚语，我们就奠定了一个品牌的基础。

在这里，我也顺便回应下美学的问题。什么叫美？丰子恺写了一本书，叫《无用之美》，书中提到"无用便是大用"。但这本来是艺术观念，却影响了设计导向，使人分不清美术和设计。如果一个东西有功能，而且有功利，它就不会给人美的感受。

对于品牌而言，我们要的东西，都是超级功利的，要的都是利益。如果你在品牌中去讲美学，这岂不是跑题了吗？

维特根斯坦也说："我们从小受的教育，就是我们不应该欣赏我们能理解的东西。"意思是一旦这个东西我看懂了，我就不能说它美。

在美学经验上，全世界只有一个东西，所有人都说它美，没有一个人敢说它不美，那就是皇帝的新衣。因为谁说它不美，谁就是愚蠢。所以这都是"病"。

对于传播而言，美，就是要跟消费者、普罗大众有文化契约，这才是我们设计的关键。

很多品牌在华与华之前，是众说纷纭，不可言说，飘忽不定，居无定所；在华与华之后就全部扎根于品牌三角两翼，能高效持续地积累品牌资产。

除了超级符号之外，第二个要筑基的，就是我们的"持续改善文化"。

在华与华，我们的价值观是"成则无伐善，不施劳；败则不怨天，不尤人"。意思就是成功了不炫耀，不要吹牛说都是我做的，都是我的功劳；失败了也不要怨天尤人，自怨自艾。

客户的成功或失败，都是他自己的事。我们的贡献不增不减，一以贯之。成功是因为"赶上了"天时、地利、人和，没成功是还没赶上，继续只问耕耘，不问收获。

制作蜜雪冰城品牌歌曲时，我们也没想到它可以那么火，给东鹏特饮做的那首歌，我们也奇怪怎么还没火？还没火，你就坚持和等待，可能等得来，也可能等不来。

永远不要去赌博，不要去抓小概率事件，否则败亡就是大概率事件。成功和失败，都不是我们能控制的。

持续改善就是要从小处着手，"机关算尽"，养成"把问题当问题看"的眼光，让每一次都能比上一次做得更好。

在这里，我要讲一个"反海因里希法则"。海因里希法则是一个安全法则，它说出现一个重大安全事故的背后，都有29次轻微事故和300次吓一跳的未遂事故。

我们讲的"反海因里希法则"就是持续改善的意义：一次重大的创新突破，背后都有29次小创新和300次小小改善。

所以华与华每天都在做持续改善的提案，只要你发现了身边可以改善的点，你写一个提案，就有10块钱的现金奖励。每个项目组也要每三周写一个工作上的持续改善课题，最佳改善课题会有500块的现金奖励，这是我们公司一项重要的管理活动。

通过这样的活动来培养改善的意识，并运用到客户的生意中。

非常多的企业，都想要一个大创意，然后再请个大明星，再去投大广告，进行一场豪赌。但是在这个广告里，我们看到的是什么？

事实上我们什么创意都不用做，你把你没干好的事重新整理，把它干好，就可以做到百分之十几、二十的增长。

持续改善的精神，可以贯穿到企业每一个部门的每一个环节上，企业应该把这种文化灌输下去。

华与华有大量这样的案例，这些都是我们的员工在一线亲自去做的具体动作。

一个企业总觉得自己不够成功，而不成功的原因往往首先是没有投入，其次是没有行动。

华与华的"药方"就是：只问耕耘，不问收获；要因果导向，不要结果导向；要过程管理，不要结果管理。我希望我们的客户都有这样的观念。

3.2 华与华品牌五年计划第二阶段：
   营销日历，品牌生物钟

第二阶段是营销日历年，营销日历年年做，品牌生物钟带节奏。重点是建立品牌营销日历，并成为企业的营销教练，帮助企业进行内部路演。

华与华方法里的企业三大定律，第一定律叫作科斯的交易成本定律——企业得以存在是因为降低了社会的交易成本。

而企业的交易成本又分为两个：一个是外部交易成本，另一个是内部交易成本。随着企业规模越来越大，它的内部交易成本会越来越高，并需要巨大的管理成本。

建立营销日历的目的，就是建立"品牌节气"，同时降低内、外部的交易成本。营销日历其实就是建立品牌节日，比如潭酒的调酒节和涨价节。华与华的百万创意大奖赛，也是我们的一个营销日历。中国最大的营销日历，就是天猫的"双11"。

营销日历不仅能创造顾客，而且能创造品牌言说。比如，西贝已经在一年中形成了固定节奏：

- 2月14日亲嘴打折节，亲个嘴打个折，为一年的营销工作起势；
- 4月有机莜面节，先有香椿莜面后有春天，到了春天就去西贝吃香椿莜面；
- 6～8月西贝儿童节，家有宝贝就吃西贝；
- 10～12月那达慕草原美食节，到西贝吃蒙古牛大骨。

我们形成营销日历后，首先，能让顾客形成固定的期待，他知道什么时候来这里吃什么；其次，由于企业每年都会做同样的工作，到了时间每个人也都知道接下来要做什么。

企业内部也会不断地精益求精，不断地积累经验，形成自下而上的改进。这就是持续改善的精髓，也是企业管理的精髓。

营销日历创造顾客，并且创造品牌言说

对顾客：带节奏，TA到时间就来；对企业：精益求精，自下而上的创造，同步积累企业品牌资产。

2016年开始，亲嘴打折节　2017年开始，春天就吃香椿莜面　2017年开始，家有宝贝 就吃西贝　2019年开始，蒙古牛大骨

前面我们说很多企业的logo有华与华前、华与华后，企业的话语体系也有华与华前、华与华后。同样地，企业的营销活动，也有华与华前、华与华后。

有些企业老板，在第一年实施了我们的活动方案后，非常成功。第二年他就会问我："华总，你今年会给我们带来什么样的新意？"

我说："还是去年那个方案。"

他就说："那还用你干吗？"

我说："你要什么新意呢？去年反正是卖断货了，对吧？今年照着做，也会卖断货，但你觉得没新意。如果改了活动，今年就有可能卖不出去，你要这样的新意吗？"好在最后他听懂了我的话。

"新"是推陈出新，"新"也是精益求精后的新，我们要做的是不断地形成新的经验，而不是每年都要换新的事来做。在这样不断的磨炼里，用成功消化失败，在过程中进行复盘和改善，你就能够越做越精。

这背后也是我们的哲学——我们每年、每月、每星期、每天重复做的事情，决定了我们的人生。我们要把人生活得尽量地重复，这才是滴水穿石、坚持不懈、日日不断。

哲学家维特根斯坦说过一句话，他说："什么叫主旋律？一首歌里面不断重复的那部分，就是主旋律，其他不重复的部分，就是不重要的。"蜜雪冰城的品牌歌曲能火，也是因为我们把重复做到了极致，整首歌本身就是重复。

所以，大家一定要形成时间节拍。比如华与华：每天各组都有晨晚会；每周有周一大扫除、周一集体晨会；每月有持续改善活动、月度经营会；每年有三月三战略重心会、年中经营会、百万创意大奖赛、年度总结会；每五年有500万品牌管理大奖赛、超级符号品牌展。

一个节奏清晰明了之后，每个人就都知道要在什么时间准备什么事，每个人都有了期待。

我听说陈俊组已经开始倒计时了，接下来的每一天都计划好了，要勇夺明年7月8日的500万大奖。虽然她可能拿不到，但是她已经开始期待，并开始准备了。

这个期待是来自营销日历时间节拍的"驯养"，驯养的意思就是要建立联系，其中很重要的就是时间上的联系。

就像我每天早上的写作，有的朋友每天都会追着看我写的内容，所以我每天早上七八点钟一定要把它发出来，而且不能断更。如果我有时候是早上发，有时候是晚上发，那看的人就没有了方向，也没有了期待。

一定要把你所有的动作都固定下来，这样才能真正激发每一个人的创造力；否则每个人都不会期待，更不会等你。

在华与华品牌五年计划的第二阶段，除了给企业建立营销日历之外，华与华还有一个特别重要的服务，就是成为企业的教练，帮助企业进行内部路演。内部路演就是在客户的内部，进行宣传动员。

很多时候，我们实施方案最大的敌人就是企业的内部人员。因为无论你说什么，都一定会有人反对。因为你说的事，对他来说就是增加了一项工作、一个麻烦。

就连华与华的人去客户门店做持续改善，都有非常多的门店不愿意配合，因为他们嫌麻烦。有时候我们为了做门店的改善，都会先去给人打扫卫生，搞好关系，人家才让你干。

如果你希望客户无保留、无选择、无遗漏、不打折扣地执行你的方案，你就要帮助客户进行内部的路演。到全国巡游，搭好展台，搭好道场，去对客户的经销商进行培训。要像对待顾客一样对待经销商、店长，不是让他们照着办，而是服务他们做好落地，而且一定要有巨大的排场。只有这样，才能动员全员、得到支持，才能全面落地，全面执行。

华与华从做持续改善到内部路演，真是下了很大的苦功。很多客户老板跟我感叹，他说："你们这活儿我们的人干不了，没人愿意这么给我们干。"

为什么华与华的人愿意这么下苦功？这说明两点：一是工资我给到位了，二是企业文化到位了。给钱只是老板的诚意，钱是基础，根本上我认为还是企业文化的力量。

管理的高效不在于管理，而在于拥有一种独特的生产方式，在于对业务的理解。企业越大，越要追求部落化，部落化的组织才是最高效的组织。

企业管理活动，就是把公司打造成一个习惯共同体。企业不要老讲命运共同体，任何一个人离开公司他都能活，他的命运不一定要在你这里。但是我们要把公司打造成一个习惯共同体，大家的习惯一样，才能配合起来。

哈耶克说："作为一种习惯或者发明得以维系和进化，需要两个明确的前提。首先，必须存在着使某种行为方式代代相传的条件，而这种行为方式的好处未必已经得到人们的理解或者赞赏。其次，保留这些习惯的群体必须取得了明确的优势，使他们能够比另一些群体更为迅速地扩张，并最终胜过或者同化那些没有类似习惯的群体。"

我看到这段话，我觉得就是在说华与华。华与华就是有这样共同习惯的一个习惯共同体，可以战胜不具备这种共同习惯的组织，同时同化那些愿意跟我们一起进步养成共同习惯的人。

企业也要跟我们广大的消费者形成某一方面的习惯共同体。这也是我们打造企业营销日历的目的，要给客户带来这种"习惯性的教化"。

我把这种"习惯性的教化"称为"企业文化的半径"。企业都讲企业文化，而华与华还把企业文化纳入了品牌管理当中。

有的企业文化半径小，可能只覆盖一个公司，让全公司的人养成共同习惯；而有的企业文化半径大，能够跨越他的公司覆盖到全社会，甚至是全世界。

华与华也在这样做。我们会把华与华方法全部公开，从来不怕同行学习，反而很欢迎同行来参加华与华的品牌课程。

孔子说："吾道一以贯之。"那么，营销日历和持续改善，就是我们对客户企业一以贯之的指导。

3.3 华与华品牌五年计划第三阶段：
承担企业社会责任，成为社会公民角色

第三个阶段，我们叫作"企业社会公民年"，这一点其实是最重要的。企业是社会的公器，要为社会解决问题，你要想基业长青，就一定要扎根于社会。

华与华的大门永远都不会关起来，因为我们的经营本身就是服务社会。我之前一直在说，不是华与华方法为华与华服务，而是华与华为华与华方法服务。

在座的听众很多都是我的同行，我为什么还要公开讲华与华品牌

五年计划的详细内容？因为我根本不怕大家学去，我不仅公开讲，我还在写书，结合我们的案例详细告诉大家品牌五年计划应该怎么实施。

还有华与华品牌三角形理论，如果大家都采用，并且能挣到钱，我也算是对人类、对社会做了贡献，这是格局问题。

那么，怎样才能让我们的经营融入社会的事业？这里用到的是华与华企业战略"三位一体"模型。

我们重新定义企业战略：企业战略不是企业的战略，而是企业为了承担某一社会责任、解决某一社会问题，为社会制定的战略。企业的产品和服务，即组成该社会问题有效的、全面的、可持续的解决方案。

在这个战略下，我们的代表案例就是360和葵花药业。在服务葵花药业的过程中，我们发现小孩子不好买药，而且经常吃错药，吃错药可能造成耳聋等严重的后遗症，这是个巨大的社会问题。

基于这个社会问题，我们为葵花药业制定了儿童药战略，随后也形成了葵花儿童药的产品结构、话语体系和符号系统。

产品结构：从处方药到非处方药，从保健品到个人护理产品等；

话语体系："小葵花妈妈课堂开课啦""儿童要吃儿童药"；

符号系统：就是小葵花。

然后在品牌公关层面，我们做了儿童用药安全大会，这就是进入贡献社会的环节了。前两天我看到葵花药业跟瑞迪博士签订了儿童罕见病药物的战略合作，葵花药业为什么要做儿童罕见病的药？儿童罕见病的药，一年也卖不了几盒，没有多大的商业价值。

但是，我们的战略是解决中国儿童用药安全问题，这是我们的品牌承诺。当我们的承诺越完整，社会通过我们解决问题的交易成本就越低。

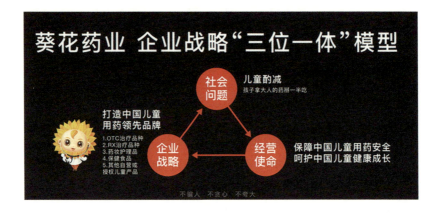

如果将来儿童罕见病的药，都能通过葵花药业找到，那社会会对我们有着多大的情感？经营本身也是一种感情的事业，首先有我们对消费者、对社会付出的感情，然后才有别人对我们的感情。

商业动机不是要被掩饰，而是要被放大，要与人类的宏大叙事相结合。企业经营主要有两个目的：一个是顾客的目的，一个是社会的目的。

你一定不能只想着自己的目的，特别是不能小肚鸡肠，老想着怎么样让自己表现得好一点，显得有文化、有品位一点，那就太自我了。

大家一定要学会无我，耕耘归耕耘，收获归收获，不要太过注重眼前的利益，人生就是不断地埋下伏笔。

德鲁克说："人们往往过分高估了一年所能取得的成绩，而大大低估了30年、50年所能取得的成绩。"

做企业，永远要站在30年、50年的时间长度上去看你的事业，30年就能看到你的整个职业生涯，50年你就看到了传承，这样你才能够做出有价值的事情。

华与华在企业社会责任方面的突破，主要是学术上的，这是基于我们的特点形成的。2020年我们跟浙江传媒学院合作成立了超级符号研究所，我们合编的教材《超级符号理论与实例》[1]马上就要发布了。

我们也跟河北师范大学成立了课题组，编写了《华与华简明营销教程》。这两本书都是本科教材，我希望我们在这里能形成一批本科教材，从根本上、教学上解决我们的理论和实务问题。

外面总是评价说，华与华作为本土营销公司，代表着本土营销思想。但其实，华与华的营销思想根本不是本土营销思想。

华与华站在全球品牌营销思想的前沿，虽然我们讲的理论、我们哲学的根，是儒家思想和《孙子兵法》，但是我们在战略营销传播上的方法论，是集合了全球先贤智慧的绝学。我还专门画了华与华方法的先贤图，我们的使命就是不断地发扬他们的思想。

为往圣继绝学 华与华方法先贤图

我觉得这是一种特别踏实的自学态度，就是我们在先人先贤已经耕耘过的地方，继承他们的学问，并发扬光大，形成华与华方法的整个模型。

1　已于2022年7月上市，读客文化出品。

我也会围绕他们的理论，结合我们做的案例进行写作，这是我搞学问的基本态度。

现在华与华文库每年差不多能出5本书，加上我的《华杉讲透资治通鉴》，每年我们差不多有10本书的产量，我们也希望能够把我们的知识贡献给大家。

好了，这就是我给大家分享的华与华品牌五年计划。

奖杯和奖盘已经做好放在了那里，2022年7月8日，欢迎大家来参加首届华与华500万品牌管理大奖赛，以及首届华与华超级符号品牌设计展。

谢谢大家！

目 录

蜜雪冰城
华与华文化母体四部曲，打造全球化品牌

KK少年

华与华赋能中小企业战略转型

潭　酒

话语体系决定基业长青，华与华品牌三角形的标杆案例

爱好文具
从制造驱动营销，走向营销引领制造

东鹏饮料
华与华行为主义符号学，几何级放大品牌信号能量

七猫免费小说
把钱花在自己身上，掌握流量主权

海氏烤箱
电商企业如何建品牌

六个核桃
临大事、决大疑、定大计，让企业定心，少走弯路

蜜雪冰城
始于1997·冰淇淋与茶

你爱我❤我爱你
蜜雪冰城甜蜜蜜

华与华超级符号案例
点评语

华 杉
华与华营销咨询有限公司创始人

蜜雪冰城不是一夜之间走到今天的，之前项目组参加百万大奖赛也入围了，但没有拿到奖。又过了两年，项目组厚积薄发，有了今年这样的一个成果。我认为蜜雪冰城应该是目前华与华客户里面，最有全球潜力和实力的品牌之一。因为对标可口可乐的爱与平等，蜜雪的冰淇淋与奶茶是全世界人人都喝的，而且蜜雪冰城的制造和成本也让其具备全球经营能力。

华楠提出了文化母体四部曲：寻找母体 → 回到母体 → 成为母体 → 壮大母体。现在大家堆雪人都照着雪王的样子来堆，这就是成为母体了。因为蜜雪冰城，我估计今年冬天全中国堆的雪人会比以前更多，这就壮大了雪人的文化。

蜜雪冰城

华与华文化母体四部曲，打造全球化品牌

　　2018年5月，张红超与张红甫兄弟找到华与华，那时候蜜雪冰城（以下简称"蜜雪"）全国门店有3500家，一杯现切的柠檬水只卖4元，一支新鲜的冰淇淋只卖3元。那年新中式茶饮是风口，"网红""小资"是行业的关键词，但华与华在蜜雪身上看到的关键词是"规模"。

引　言

蜜雪就是茶饮界的可口可乐，在大众消费品赛道用平价征服世界，向规模要利润。蜜雪和可口可乐有着相同的品牌基因，高质与平价，爱与平等。贫民窟的孩子喝可口可乐，坐在白宫的总统喝可口可乐，富商们也喝可口可乐，从来没有人因为更有钱而喝到更好的可口可乐。同样，从第一支3元冰淇淋开始，让全球每个人享受高质平价的美味，就被写进了蜜雪的企业使命当中。

"全球品牌，百年企业"，这是华与华服务蜜雪的目标。

而全球品牌从全球化的超级符号"雪王"开始，到品牌歌曲再到营销活动，华与华的超级符号与文化母体四部曲理论，直接指导着蜜雪项目品牌全球化的建设与管理工作。

第一章

用超级符号，建立超级品牌

2013年，《超级符号就是超级创意》一书出版，书中有这样一段话：

超级符号就是超级创意

"超级符号是人人都看得懂的符号，并且人人都按照它的指引行事的符号。它可以轻易地改变消费者的品牌偏好，也可以在短时间内发动大规模的购买行为，还可以让一个全新的品牌在一夜之间成为亿万消费者的老朋友。"

2018年5月，蜜雪冰城的创始人张红超与张红甫兄弟找到华与华："我们也想要一个超级符号。"三个月后，华与华的第一个动作就是用雪王替代了蜜雪原本的logo。

1. 超级符号是取代VIS的新思想、新体系

▲ 华与华改造前　　　　▲ 华与华改造后

　　所有的设计都是符号编码，区别就在于编码是否超级。蜜雪原来的标志，难以描述。仔细看，似乎是一个字母M，一笔笑脸，一笔体现美味的舔嘴唇的舌头，外面再加了一个对话框。

　　设计的手法抽象、复杂，叠加的概念较多，是典型VIS（Visual Identity System，视觉识别系统）思维的"标志"。没有战略意图，有它不多，没它不少，没有人会注意它，也没有人会评论它，更不会有人传诵它。

　　项目组运用超级符号思维，为蜜雪创意设计了雪王：以雪人为原型，戴一顶皇冠显示行业地位，手拿冰淇淋权杖代表行业属性。看似简单的设计，实现了识别、记忆、购买和传诵的目的。

如果你仔细看华与华的案例，就会发现，在华与华的前后，品牌形象表现为两个非常明显不同的阶段。在华与华前，是模糊的；而在华与华后，是清晰的。在华与华前，是不可描述，或众说纷纭的；在华与华后，是众口如一的。

VIS追求识别，却往往模糊了识别，超级符号追求行动反射，则同时实现了识别、记忆、购买和传诵的全部目的。这就是超级符号的设计体系，它是取代VIS的新思想、新体系。

因为Visual Identity System的着眼点在于Identity（身份识别），追求个性，追求与众不同。而超级符号所追求的，不仅是识别，还要促使行动，把消费者卷入。而要卷入的行动，不仅是购买，还要替我们传播。这是两种完全不同的思想、完全不同的目的，因此也带来完全不同的结果。

为了识别，就要追求独特，恨不得自己与别人100%不同。而卷入是追求熟悉，除90%相同之外，我们只要10%的不同。

这里有一个底层逻辑，就是华与华的非竞争论。VIS强调的是与同类竞争；超级符号则强调共性，要超级类同，一秒找到同类，用最类同的形象来做个性化的标签、个性化的标志。

药厂的标志是胶囊、是苯环；航空公司的标志都是翅膀；银行的标志都有孔方兄。因为一个银行的标志，是和街道上其他的一切信息竞争，是与一切行业的所有信息竞争，而与其他银行不存在竞争关系。

雪王的创意过程就是提炼出文化母体中的元素，通过改造最真实日常的预制件、标准件来原创。雪王是独一无二的，没有一个雪人和它一模一样。但是，不一样的部分只有10%，另外90%都和其他雪人一模一样。而不一样的这10%呢，分别是皇冠、权杖和权杖头上的冰淇淋，它们又分别和其他皇冠、权杖和冰淇淋一模一样。

我们尽量使用跟所有人认知中一模一样的元素，以确保我们要传达的信息能迅速得到所有人的理解。

蜜雪的雪王是华与华以超级符号设计，实现识别、记忆、购买和传诵的标杆案例。而这背后的底层逻辑，源自华与华最深刻的思想：文化母体与文化母体四部曲。

2. 从品牌文化到文化母体思想

《现代汉语词典》中对"文化"的一种定义为："人类在社会历史发展过程中所创造的物质财富和精神财富的总和，特指精神财富，如文学、艺术、教育、科学等。"所以品牌文化，就是在人类文化宝库中寻找文化母体，并嫁接人类文化符号，为我所用，就能获取这一精神财富。

比如西贝莜面村的超级符号，是找到了"I ♥ NY"的品牌文化；我爱北京天安门正南50公里，则是寄生于《我爱北京天安门》这首歌。

田七牙膏，拍照大声喊"田七"，是将品牌植入消费者的生活，拍照的时候不喊"茄子"，喊"田七"。广告片一播出，全国人民照相都在喊"田七"，广告片将全国人民的生活卷入品牌的戏剧中，全国人民自发演绎，自动传播。

这一招一以贯之，用到现在发展成华与华方法的文化母体理论。所以你能看到，华与华的创意都是做大家最熟悉的、最司空见惯的东西，找到最平常的、最普遍运用的符号，然后进行私有化的改造。

这基于同样的底层逻辑：沟通基于共同的文化契约。因为在这些司空见惯的符号上有文化契约，每一个人都认识它，每一个人都能理解它，所以我们才能用它来沟通。

在文化母体理论体系下，华与华完善了对超级符号的定义：超级符号就是通过精心选择传统符号，并依据购买理由进行改造，使其成为可以传播购买理由、能注册的符号。

这个定义有三层含义：

1）超级符号源自传统符号，其目的是占据传统符号的价值、意义、品类感、消费者偏好。

2）依据购买理由（或品牌形象的需要）进行改造，使其能高效传播购买理由或品牌形象。

3）可以注册，超级符号是私有财产，是品牌资产，能注册最好，不能注册就要将其打造成消费者心目中具有排他性的品牌资产。

蜜雪原来的品牌标志是一个抽象的符号，不可描述，也没有商业价值。项目组找到了一个全球性的文化母体——雪人，它是全球共同的文化契约。由此提炼出雪人身上核心的元素，也就是预制件、标准件：两个雪球、一个胡萝卜鼻子。

然后依据购买理由进行改造，用皇冠代表它的行业地位，用冰淇淋权杖代表行业属性，最后加了红色披风让它可以作为标志用在各类场景中。

这就诞生了一个可以注册的超级符号，成为蜜雪的私有财产。同时创造了熟悉感、偏好和购买欲，而且是国际化的，全球消费者都能为它买单。

3. 文化母体四部曲：寻找母体、回到母体、成为母体、壮大母体

寻找文化契约、寻找超级符号的方法，就是文化母体四部曲：寻找母体、回到母体、成为母体、壮大母体。

第一部，寻找母体：找到一个母体行为。

第二部，回到母体：使用母体符号。

第三部，成为母体：成为母体风俗的一部分。

第四部，壮大母体：成为人类风俗，活进文化母体。

蜜雪超级符号的创造过程就是遵循文化母体四部曲，寻找母体、回到母体、成为母体、壮大母体。首先寻找和蜜雪有关的母体，找到了雪人；然后通过组合这些预制件和标准件回到雪人这个母体；再通过皇冠、权杖、冰淇淋让这个符号私有化，让雪王本身成为母体。那么应该如何将雪王推广，让更多的人谈论它、喜欢它，以此来壮大这个母体？如何让雪王成为人类的风俗？

第二章

成为母体、壮大母体：雪王的生养之道

从雪人到雪王，是寻找母体、回到母体的过程。由此，品牌就有了一个强有力的"符号代言人"，这个符号所代表的一切价值，就能直接为我所用。

然而，找到母体容易，成为母体难，不是每个品牌都能幸运地养大属于自己的超级符号。俗话说："孩子只有生不出来的，没有养不大的。"而"养"符号恰恰相反，生下来容易，养活却很难，养大更是难上加难！

今天，雪王四岁了。我们看到它寄生到人们的生活习惯中，成为人们生活的一部分，甚至寄生到人类文化中，成为人类文化的一部分。

实现这一步，蜜雪用了四年，其中的关键在于，华与华方法的传播模型。

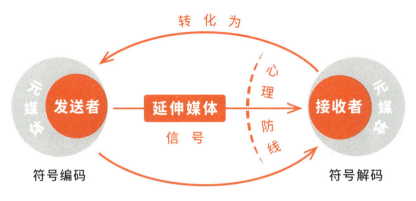

华与华传播模型

　　我们说，一切营销传播，其实都是符号的编码和解码。发送者将想要表达的信息进行编码之后，通过媒介发送出去，接收者接到信号再进行解码，理解之后做出行动反射。而在营销中，最难的就是我们编码的东西发出去之后，消费者往往接收不到或者接收之后又解码不了，整个传播过程中，编码、解码效率损耗非常大，效率非常低。

　　华与华超级符号方法，就是寻找最高效率的符号来进行编码，找到大家以前就熟悉的东西来进行改造。雪王是编码和解码效率都最高的符号，"你爱我，我爱你，蜜雪冰城甜蜜蜜"也是，它们都能够绕开消费者的心理防线，进一步影响其消费行为。

　　我们发送的不是一个完整的编码，而是一个观念的"爬虫"，这个爬虫被消费者接收后，它能够"钻到"消费者的脑袋里面去，抓取他脑海里的集体潜意识，利用他本来就知道的东西，大幅降低营销传播的成本，提高传播的效率。

　　这是华与华传播模型第一层的认识，而第二层要讲的概念叫元媒体。

　　营销传播的传统理论，基于一个前提：将商品信息通过媒体传递给人。一头是商品，一头是人，中间是媒体。

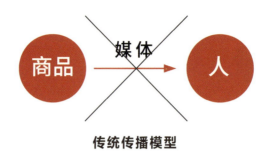

传统传播模型

但是商品和人，本身就是最好的媒体，华与华称之为元媒体。商品作为元媒体，商品即信息，包装即媒体，要通过创意设计，开发和放大商品的媒体功能。人作为元媒体，关键是发动"播传"，实现"人传人"。在商品和人之间那些需要花钱购买的媒体，华与华称之为延伸媒体，这来自麦克卢汉的观点："媒介是人的延伸"。人们一说推广，就在延伸媒体上下功夫，花大价钱投资，却没有对元媒体进行任何规划，这是普遍的问题。

实际上我们的品牌超级符号，往往先使用在元媒体上。但由于很多企业没有这个意识，没有足够重视元媒体，也就没有了品牌资产的积累。

对快消品来说，元媒体就是产品包装；对于门店来说，元媒体就是门头和店面。下面我们来看蜜雪冰城项目如何在元媒体上建立流量主权。

先看蜜雪冰城的门店在华与华前和华与华后的对比：华与华前的门店，是静默无声，不发一言；华与华之后，就热情似火，连珠炮似的在对消费者说话。前者完全放弃了元媒体功能，后者把元媒体功能运用到极致。

除了门店，还有与消费者的每一个接触点，都是媒体。雪王应用在奶茶杯、封口膜、店员服装、周边礼品、产品包装、传播物料等所有元媒体上，实现全面媒体化。

所以，为什么华与华的所有设计，都是具象的、可言说的。因为只有这些用口语都能描述出来的符号，才能被转述；能被转述，才能发挥出另一个元媒体——人的传播功能，形成"播传"。

蜜雪之前的品牌标志，就不可言说，而雪王就可以言说："一个披着红斗篷的雪人，戴着王冠，手拿权杖，权杖头是一个冰淇淋。"

品牌角色，先"活起来"才能"火起来"。元媒体之外，通过以下动作，蜜雪真正把雪王玩活了。

在冰淇淋音乐节，雪王成为舞台的中心且组成了乐队，成为现场一道亮丽的风景线。更关键的是，连音乐节的标志都启用了唱歌的雪王，真正让雪王的形象深入人心。

为了激发全民玩转雪王，为雪王举办了雪王杯创意大赛。创意在民间，两届创意大赛收到了两万多幅雪王作品，举全国粉丝之力，实现了百变雪王。

为雪王开设视频号，以雪王为主角创作各种短视频，与观众互动的同时，全民对雪王这个形象更加热爱。

雪王微博账号　　　　雪王微信视频账号　　　　雪王抖音账号

举办雪王巡回展出，当100个雪王在广场上出现时，市民们纷纷驻足拍照、互动，尽显重复和规模的力量。

日常与店员、顾客互动，雪王堪称"戏精学院毕业"，浑身都是戏，也由此融入大众生活，成为人们生活的一部分。

华与华认为品牌的最高境界是成为人类的文化符号，现在大家堆雪人都会按照雪王的标准来堆，这就是品牌风俗论，让品牌成为一方人民甚至全世界人类的风俗。

▲　图片素材来源于网络

第三章

蜜雪"醒脑神曲"的文化母体原理

寻找母体、回到母体、成为母体、壮大母体——文化母体四部曲，同样适用于品牌谚语和品牌歌曲的创作。

"你爱我，我爱你，蜜雪冰城甜蜜蜜……"要说2021年中国最火爆的营销事件，应该就是蜜雪冰城的这首醒脑神曲了。2021年6月开始，它在全网实现了600亿次播放，相当于每个中国人平均看了40多次。

6月3日，蜜雪冰城分别在抖音、B站上传了主题曲MV。

两周时间，这首主题曲MV在B站收获了1100多万的播放量，58万多的点赞量，以蜜雪冰城为关键词排名前20的热门视频累计播放量超6000万。

仅#蜜雪冰城主题曲#话题在抖音实现了超过12亿的播放量，在微博则5次登上热搜榜。

屡上抖音热搜，累计话题量播放近百亿

5次登上微博热搜

官方主题曲播放量破千万，博主二次创作版本高达**78版**

在线上，网友自主发起了二次创作，诞生了14个国家、20余种语言的版本，堪称一场"盛世翻唱"；在线下则衍生出各类"社死"活动，网友们自发去门店唱歌换免费冰淇淋，甚至自带乐器、自编舞蹈。

我们从词、曲两方面来分析这首歌的成功之处。首先是词：

你爱我，我爱你，
蜜雪冰城甜蜜蜜，
你爱我，我爱你，
蜜雪冰城甜蜜蜜，
你爱我呀，我爱你，
你爱我，我爱你，
蜜雪冰城甜蜜蜜。

I love you，you love me.
MiXue ice cream and tea!

I love you，you love me.
MiXue ice cream and tea!

I love you，you love me!

I love you，you love me.
MiXue ice cream and tea!

上文讲到，超级符号是使用人类文化的预制件编织而成的，这些预制件反映在图形上，是母体元素、超级符号；而在语词上，就是母体词组。

雪王相较于它的文化母体雪人，不一样的部分只有10%，另外90%和其他雪人一模一样。我们尽量使用跟所有人认知中一模一样的元素，确保我们的信息能得到最大范围的理解。在蜜雪的品牌谚语上，也是同样的道理，"你爱我，我爱你，蜜雪冰城甜蜜蜜"一句话4个词组，其中有3个都是日常使用的词，75%和所有人认知的一模一样，只有"蜜雪冰城"这四个字是不一样的。而"蜜雪冰城"这个命名，其实也是用最普通、最常用的词进行组合，这些都是文化母体的原理。

"爱干净，住汉庭"能成功，是因为"爱干净"是母体词组，母体行为；如果改成"更干净"，"更干净"就不是母体词组，不是母体行为。

"好老师在新东方"，好老师不是母体词组，改成"新东方，老师好"，因为"老师好"是母体词组，而且是大家从小上课都会做的一个超级母体行为。

"你爱我，我爱你，蜜雪冰城甜蜜蜜"，其中"你爱我""我爱你""甜蜜蜜"都是母体词组。

这个非常重要，"我爱你"是母体词组，有文化原力；"我十分爱你"就不是，没有文化原力；"我十二万分地爱你"也不是。一定要使用固定组合、预制件。

"你爱我""我爱你""甜蜜蜜"，三个母体词组加一个品牌名，三匹马拉一辆车，那辆车的名字——"蜜雪冰城"还有一个"蜜"字，跟"甜蜜蜜"形成叠音和韵律。

　　创作蜜雪品牌歌曲时，项目组也曾贪心编写更多文案，试图在一首歌的15秒时间里说更多，比如"冰淇淋、柠檬水、珍珠奶茶来一杯"，心心念念受众能记住更多。后来都被华板砍掉了，只留下"你爱我，我爱你，蜜雪冰城甜蜜蜜"这一句，让这首歌的13个字在15秒中重复了三遍。

事实证明，有舍才有得，不贪心才能抓住核心。再来看曲谱：

蜜雪冰城品牌主题曲

超级符号的方法，不仅仅是视觉符号的编码，也包括对听觉、味觉、嗅觉、触觉的符号进行编码。

在创作这首歌时，项目组不会自己去创作一首曲子，而是寻找文化母体。在为蜜雪冰城寻找音乐符号时，有三大原则：

1）耳熟能详，已经进化为声音符号。找到全世界脑海里那首本来就很熟悉的旋律，你听到就能哼唱，只是不知道在哪儿听过，这就是超级音乐符号。

2）**国际化品牌，就要国际化的品牌歌曲。**蜜雪已经在印尼、越南、菲律宾等境外拥有数百家门店，这首歌需要保证放在全球都能听得懂。

3）**足够经典，才能永远年轻。** "品牌年轻化"的秘诀，就是选用经典文化符号。相反，如果你要"用年轻人的方式"和他们沟通，那就是搔首弄姿，成了怪叔叔。记住！年轻人都会变得不再年轻。

基于这三大原则，最终项目组找到了来自美国作曲家斯蒂芬·福斯特于1847年所写的极具美国南部风格的经典乡村民谣*Oh! Susanna*，通过改编给品牌歌曲赋予醒脑的"天赋"。

斯蒂芬·福斯特于1847年编写，同年9月11日于匹茨堡的"雄鹰沙龙"上首次演出。在这首歌曲出现之前，没有哪个美国歌曲能够卖出5000份，而《噢！苏珊娜》则售出超过10万份，可见其当年的流行程度。

随后，经过全国上万家门店一年的播放，以及网上这600亿次传播，《噢！苏珊娜》这首歌被更多人传唱，声势更加壮大。

一首美国的乡村民谣，在它诞生175年后，通过一个中国的品牌再次走进大众视野，连美国巨星道恩·强森（Dwayne Johnson）都要用改编后的这首歌来推广他的电影《丛林奇航》。

即使在印尼，店员和顾客们也能过耳不忘，随口哼唱。

　　蜜雪的主题曲火了，有人会问，接下来做什么？

　　华与华的回答是：在第一个推广阶段，让它先流行100年；然后进入第二阶段，一字不改，再让它流行100年，以保持不变，不断推进品牌年轻化，吸纳年轻人，让全世界每一代年轻人，都会唱同一首蜜雪冰城歌；之后，就进入第三阶段，一字不改，流行300年。

第四章

打造营销日历，形成品牌生物钟

在超级符号和文化母体四部曲的指导下，华与华同样为蜜雪设计了品牌营销活动，并一年一年固化为蜜雪的营销日历，成为品牌资产。

很多企业做营销活动，都是"逢节就过"。过节了就搞个活动，也不知道为什么做，更没有形成积累。

华与华方法认为，品牌一定要形成自己的营销日历，并且要年年做，让品牌形成固定的营销节拍和主题，重复积累，把营销活动也做成品牌资产，打造成了营销日历，就形成了品牌生物钟。

在内部，形成所有员工一年的工作节拍，自动重复、精益求精；在外部，则是在顾客脑海中形成消费生物钟，到时间他就来。

三年时间，项目组与蜜雪团队一起设计、先后固化了三大营销活动：520、福袋节、雪王杯创意大赛。

　　"今年520，去蜜雪冰城领情侣证"是典型的寻找母体、回到母体、成为母体、壮大母体四部曲的体现。

　　力出一孔，蜜雪的品牌谚语是爱，活动创意也围绕爱，项目组找到了"结婚证"这个母体道具，找到了"领证"这个母体词组，还原了一个结婚领证的母体场景，让所有的情侣在520这天到蜜雪领情侣证。

　　这个活动已经办了两届，线上线下同步举行，共颁发情侣证200多万张，蜜雪见证了上百万对情侣的爱与甜蜜。

"蜜雪福袋节，把福带回家"，则是寄生在"福"文化这个母体上，喝蜜雪，拿福袋，一到过年，就给顾客带节奏。

　　"百变雪王，创意大赏"，雪王杯创意大赛激发了全民创作雪王的热情，活动已举办两届，累计收到粉丝作品2万多件，这也让雪王成为全国人民所熟知的品牌形象。

　　用文化母体思想做营销活动，能将活动寄生在强大的母体上，卷入消费者行动，像超级符号与品牌歌曲一样，发动消费者参与、记忆、传播。

第五章

所有的成功都是决策的成功

华与华有个愿望，要在21世纪中国十大百年品牌形象中，至少占有三席。蜜雪冰城的雪王是华与华最看好的作品之一，短短三年，它已经成为中国著名的品牌角色。

但是，三年前，雪王刚刚诞生时，也曾遭到反对，反对的理由是"太土，太low，没美感，没档次"。"张与张"兄弟（张红超与张红甫）出于一个朴素的道理——"既然请了老师，就听老师的"，于是就把这个方案确定了。

一年后，CEO张红甫先生站在一家新装修的门店前，回忆起一年前品牌决策会的那个晚上，他说："当时差点pass了你们的方案，现在想想一身冷汗。如果当初放弃了，现在的这一切就都没有了。"

所有的成功，都是决策的成功。蜜雪是幸运的，靠着"张与张"兄弟的坚持，买回了他们在华与华应该得到的东西。华与华也是幸运的，遇到"张与张"兄弟，本身就是一种运气。

但华与华每年都有那么两三个叶公好龙的客户，付了钱见到方案却感觉"太土，太low，没美感，没档次"，宁肯钱不要了，也要停

止合作，这是非常痛心的损失。

那么为什么大家都认为"太土，太low，没美感，没档次"？因为这是一种病，一种通病，也是一种比较"高端"的哲学病。

比如蜜雪原来的标志，有人感觉这是"设计过的"，就是大家所说的"设计感"；而看到雪人，会觉得是从小在图画书上看到的东西，怎么搬过来就成了"设计"呢？这"没设计"啊！所谓的"设计感"是一个最糟糕的词，设计应该让人感受商品，不应该让人去感受设计。

大道至简。但是，人们受不了简单，所以老子说："上士闻道，勤而行之；中士闻道，若存若亡；下士闻道，大笑之。不笑不足以为道。"

维特根斯坦说："我们从小受的教育，就是我们不应该欣赏我们能理解的东西。"

一个东西，一旦自己看懂了，就觉得不应该表现出自己对它的欣赏。人们所谓的"审美"，并不是真的在审美，而是在进行对自己的"印象管理"，管理自己在别人心目中的印象。

所以，审美的共识只有一个，就是皇帝的新衣，皇帝明明什么都没穿，但是每个人都说皇帝的新衣美。为什么呢？因为每个人都担心自己要是说他不美，就会被当作异类。

人的意识、潜意识、表达和行为，是四个完全不相干的东西。超级符号，是运用人类潜意识的艺术。一个消费者走在街头，看见蜜雪的门店，他不会有意识地去评判它的美丑，他的潜意识已经让他喜爱，而且愿意购买。

但是，当他作为一个评论家坐在会议室看一个设计方案的时候，他的意识是在思考："我应该表示赞同还是反对？我应该发表一个什么样的看法，让他们觉得我是一个有观点、负责任的人？"所以，他的任何思考和表达，都和专业意见无关，都是在做自己在别人心目中的印象管理。

王阳明说："破山中贼易，破心中贼难。"我们走多少弯路，做过多少错误的决策，都是因为心中的一些"贼"。这些"贼"，就是一些错误的思想、莫名的纠结。

超级符号原理——文化母体四部曲

在《超级符号原理》一书中，华楠提出文化母体四部曲：寻找母体 → 回到母体 → 成为母体 → 壮大母体。

2014年，微信以新年红包打通移动支付，就是文化母体四部曲的标准案例。不过，这不是华与华的案例。

但是，正如克劳塞维茨所说："天才不需要理论，但是理论家需要天才，需要把天才的所作所为，发展成理论。"华与华就用文化母体四部曲的理论来解析微信红包的案例：

第一部，寻找母体。中国人在新年、春节会给老人送红包，会给小孩子发红包，长辈也会给晚辈发红包。这是一个母体行为，微信找到了这个母体。

第二部，回到母体。使用母体符号，也就是设计了微信里的红包图标。

母体的戏剧，真实日常、循环往复，有它约定俗成的时间、仪式、道具，特点是不可抗拒、必然发生，发生的形式是集体无意识、自发卷入。

现在，剧本、时间、仪式、道具都有了，全国人民以集体潜意识自发卷入，微信一举逆袭，超越支付宝，成为移动支付中的龙头老大。

第三部，成为母体。微信红包取代了物理意义上的红包信封，成为红包的新母体。

第四部，壮大母体。红包文化被微信弘扬壮大了，现在不是过年过节才发红包，而是已经发展到没有什么问题是红包不能解决的地步，有喜事就在微信群发红包，开会迟到也要发红包。

文化母体四部曲，后两部非常重要，就是成为母体、壮大母体。因为到了这一步，就已经让品牌成为人类的风俗，活进文化母体，活进历史和未来了。华与华方法称之为"品牌风俗论"——让品牌成为一方人民甚至全人类的风俗。

华与华超级符号案例
点评语

华 杉
华与华营销咨询有限公司创始人

KK少年实在太令人感动了，其实接到这样一个不断萎缩到崩溃边缘的童装品牌，应该说我们是收了一笔"烫手"的钱。最怕收这种"烫手"的钱，如果你对不起人家的话，是没办法交差的，压力真的是非常大。

当时我们找到了做少年装的定位，但也不等于说找到了这个定位就能成功，想成功还需要具备很多的条件。

首先，我觉得KK少年的命名是非常精彩的。

其次，每个行业的本质是不一样的，服装行业的本质最重要的就是避免出现尾货，这个决定了你的商业模式能不能成立。KK少年把原来以时尚为主的童装，变成了专业的少年装，实际上相当于做了一个少年版的优衣库。

然后，在市场策略上面，KK少年准备聚焦于贵州，我觉得也是特别聪明的。因为如果产品在县城和在上海的销售价是一样的，在一线城市的销量没有翻很多倍的话，盈利能力是远远不能跟三、四线的城市相比的。

最后，我最关心的是我们的中小企业客户，因为对于我们来说，中小企业的客户面越宽，我们的视野就越大。所以，我觉得这个案例，不管是从营销策划或服务客户企业上，还是从华与华自身的发展上，都是我们一个重要的标杆。

KK少年
华与华赋能中小企业战略转型

KK少年是华与华方法在服装行业小试牛刀的成功验证，也是华与华赋能中小企业战略转型的标杆案例。

在服务KK少年项目的两年时间里，华与华以品牌命名为起手式，重构企业战略，与客户同甘共苦二次创业，从0到1打造了专业少年装品牌——KK少年，并持续赋能企业经营管理，助力其从童装红海中闯出一片少年装蓝海，成为中国少年装的代表品牌。

引　言

　　"今童王服饰"诞生于1996年,是中国最早的童装企业之一,成立25年来先后打造出"今童王"(KBOY&KGIRL)和"芝麻开门"(OPEN SESAME)两大童装名牌,前者曾连续四次被中国服装协会评为"中国十大童装品牌",在业内外备受赞誉。

　　然而,伴随着国外品牌进入中国市场和本土"淘品牌"的强势崛起,中国服装业在2010年前后发生了根本性变化,市场竞争异常激烈。作为传统"制造批发型"的服装企业,由于不能适应市场的变化,今童王的销售额也开始逐年走低,连续八年持续下滑,直至陷入亏损状态。

　　其间,今童王曾多次尝试转型:2011年打造"今童王世界",开发玩具、鞋服、生活馆等全品类大小童一体店;2017年尝试将"芝麻开门"培育为连锁零售型品牌;2018年探索将今童王品牌定位为"轻奢潮品少年装"。然而这些探索举措,仍无法扭转企业销售额的下滑趋势。2019年9月,今童王找到华与华,开启了涅槃重生之路。

8~18岁专业少年装

第一章

确定核心课题，规划企业转型战略

今童王所在的童装行业规模庞大且竞争激烈，覆盖婴童、小童、中童到大童等不同阶段的消费群体，产品风格更是千差万别，是一片典型的红海市场。

一企一策，一事一议。对历经多次转型探索仍未有起色的今童王而言，项目组首先要确定核心课题：企业转型的方向是什么？

在2010年前后，服装行业发生巨变，生产过剩，市场竞争的核心开始由"制造批发模式"向"品牌连锁模式"转变。不单市场细分，渠道模式、推广方式都发生了根本性变化。但是今童王是以生产批发模式起家的，并不具备品牌运营能力和连锁运营能力，所以必须要尽快向连锁零售品牌转型，绝不能再有任何的犹豫。

问题是今童王要做一个什么样的品牌？这就涉及企业战略问题。华与华认为，企业战略本质上是企业为解决某一个社会问题，为社会制定的战略。一个社会问题，就是一个商业机会。所以今童王要想转型成功，就必须找到一个社会问题，进而确定自己的企业战略。

因此，不能只是对比各种可能的转型路径，而是要回归课题的本质：服装市场存在什么社会问题，是今童王企业的资源禀赋可以解决的？

1. 服装市场的痛点问题："大孩子不好买衣服"

一切问题都在现场，一切答案也在现场。项目启动之初，项目组就进行了深度市场调研，走访了上海、浙江、江苏、安徽等8个省260余家服装门店，访谈店员和消费者，用脚步丈量市场，用肌肤感受顾客需求，获得第一手的行业信息。

在访谈中，我们注意到经销商和消费者反复提及一个问题："大孩子不好买衣服"。他们口中的大孩子，大多是已进入青春期的孩子。世界卫生组织通常将青春期定义为10～20岁，而在中国一般指11～17岁的少年。青春期前后的少年身心状态有天壤之别：青春期前的少年更接近于儿童，而青春期后的少年更趋近于成年人。

而服装行业通常将童装按年龄分为：婴童（12个月内）、小童

（1～3岁）、中童（4～7岁）和大童（8～14岁），但这只是业内的分法，绝大多数消费者并不知晓。

童装尺码换算表					
标准	尺码	年龄	适合身高（cm）	胸围（cm）	腰围（cm）
婴童：12个月内	56	0～0.3	52～59	40	40
	65	0.3～0.6	59～73	44	43
	75	0.6～1	73～80	48	48
小童：1～3岁	80	1～2	75～85	50	49
	90	2～3	85～95	52	50
中童：4～7岁	100	3～4	95～105	54	51
	110	4～5	105～115	57	52
	120	6～7	115～125	60	54
大童：8～14岁	130	8～9	125～135	64	57
	140	10～11	135～145	68	61
	150	12～13	145～155	72	64
	160	14～15	155～165	76	66

这就产生了一个问题：14～17岁少年的着装需求被童装行业有意无意地忽视了。项目组还发现，大童（8～14岁）其实也不喜欢穿市面上的大童装。

总之，对这些8～17岁的大孩子来说，买衣服是个令人头疼的大问题。

一方面，适合这些大孩子穿的服装非常少。少男少女进入青春期后，自我意识逐渐成熟，已形成自己的审美偏好，对买衣服非常有主见，而且心理敏感脆弱，容易因着装问题感知到群体压力。但市场上可供少年选择的服装中，大尺码的童装设计太过幼稚，小尺码的成人装设计又稍显成熟，少年们需要真正适合自己的服装。

另一方面，家长的选择成本也很高。少年们忙于学业，逛街时间很少，往往由家长陪同或代为购买，但市场上几乎没有专属于青少年的服饰可供选择。

家长经常要在休闲成人装、运动成人装和大童装的众多品牌中千挑万选，但结果往往因为孩子不满意而反复退换，这种情况非常普遍。

"大孩子不好买衣服"，这既是家长和少年的消费痛点，也是童装市场存在已久的大问题。而今童王企业的资源禀赋，让解决这一问题成为可能。

2. 今童王的资源禀赋："童装之都"的王者

大孩子不要穿成人装，也不要穿童装，大孩子要穿适合自己的少年装。选择做少年装，今童王具有天然优势。

今童王的生产制造中心位于浙江湖州的织里镇。这个貌不惊人的小镇被誉为"中国童装之都"，每年童装生产量占全国一半以上。而在织里众多服装生产企业中，今童王综合实力最强，素有"中国童装看织里，织里童装今童王"之说。

凭借织里的产业集聚优势和自建工厂的强大生产能力，今童王整合产业上下游供应链资源，成功打造出了快速、灵活且低成本的制造体系。

　　更难能可贵的是，今童王有做少年装的基因：在创立之初，今童王就是靠一款"大童夹克衫"风靡大江南北的。而在随后的二十多年里，今童王也一直在中大童服装领域深耕，积累了丰富的产品设计经验和大童形体数据。在门店卖得最好的产品，也主要集中在140～160cm，而这个尺码段已涉及部分低龄少年群体。

　　今童王就是要充分利用并放大这些资源禀赋，着手解决"大孩子不好买衣服"的社会问题，并将其作为自身的经营使命。今童王做少年装成本更低、品质更好，而且也更专业。做少年装，今童王当仁不让！

　　潜力巨大的市场机会，加上多年积累的资源禀赋，今童王战略转型路径也呼之欲出：从"综合的童装制造批发零售商"向"专业少年装连锁品牌运营商"转变。聚焦企业资源，从0到1打造一个专业的少年装品牌，并引领整个少年装行业持续壮大。

那么，这个少年装品牌该如何定位呢？我们的目标是在童装和成人装之间，创造一个全新的少年装品类。因此，华与华将这个少年装品牌定位为"8～18岁专业少年装"，向下覆盖大童（8～14岁），向上接续成人（18岁）。

从此服装分类便不再是"婴童装、小童装、中童装、大童装和成人装"，而是"童装、少年装和成人装"，今童王真正为社会解决了"大孩子不好买衣服"的社会问题。

第二章

一次做对做全，重构品牌顶层设计

战略方向对了只是第一步。从0到1创建一个全新品牌，顶层设计是关键，品牌的顶层设计决定了品牌创建的成本和效率，某种意义上也决定了品牌的成败。

华与华的一个核心价值，就是帮助企业系统化建构品牌顶层设计，一次做对，一次做全，从而高效、持续积累品牌资产，最终成就超级品牌。

华与华用品牌三角形来建构品牌顶层设计。在本案例中，项目组从该模型的三个维度重点做了以下重构。

话语体系：品牌名及品牌谚语。
符号系统：超级符号及超级门头。
产品结构：产品设计及品类结构。

1. 话语体系：品牌名及品牌谚语

品牌名：既是成本，也是召唤，还是投资。

就像一个孩子诞生，首先要为他起个名字；一个新品牌诞生，同样要先有名字。确定转型为专业少年装品牌后，"今童王"（KBOY&KGIRL）迫切需要一个新的品牌名。

华与华方法认为：命名就是成本，命名就是召唤，命名就是投资。

1）**命名就是成本**：命名的第一原则是成本，品牌要尽可能选择那些成本低的名字。

成本低就是要降低理解成本、识别成本、记忆成本、传播成本。比如，电脑品类中，"苹果"的命名就要好过"戴尔"，因为苹果是全世界最普通、最常见的一种水果，人人都熟悉，看见一次就记住了。

"今童王"中英文名成本都是极高的。"今童"容易混淆为"金童玉女"的"金童"，而英文名KBOY&KGIRL，绝大多数家长都念不出来，更别说理解、记忆和传播了。

2）**命名就是召唤**：命名的第二原则是召唤，你的品牌名，是否有指向性很强的召唤，是否召唤了价值，是否下达了明确的指令。

比如，丰田曾经将其在中国的品牌和产品进行了全线改名，如将"陆地巡洋舰"改为"兰德酷路泽"等。这便是将召唤性超强而成本超低的好名字改为无任何召唤性的名字。

召唤，是词语的能动性，它能将品牌的价值和顾客召唤来，如"陆地巡洋舰"能将其价值和顾客召唤来，"兰德酷路泽"就不能。

在实际的市场调研中，很多店员和家长都反映，"今童王"的"童"字听起来有些幼稚，很多十几岁的大孩子一看到"今童王"三个字，就觉得是小孩子穿的童装品牌，心理上较为抵触，即使家长把衣服买回家也不会穿。

这说明"今童王"品牌名对于"少年装"的价值及少年客户的召唤性并不强，无法有效吸引少年群体。

3）**命名就是投资**：一旦确定了品牌名，就是一个长期的投资，要不断重复，不要轻易改动。命名就要找到投资效率最高的名字，只有这样，才能高效地积累品牌资产，为企业带来最大效益。

20多年来，今童王曾频繁改动中英文名，每一次改动都是品牌资产的重大流失。

从成本、召唤和投资的角度来看，"今童王"确实不是好名字，但已在渠道大规模沉淀，合作多年的经销商只认"今童王"。如果完全推翻现有品牌名，便无法充分利用现有的渠道资源，另起炉灶的难度非常大，最好在现有品牌名基础上做文章。怎么做呢？

项目组发现，很多有类似问题的英文品牌会使用简称，比如

Calvin Klein，消费者会简称为CK；再比如著名奢侈品牌LOUIS VUITTON，消费者会简称为LV。今童王也可以用简称的办法，提炼出"KBOY&KGIRL"中的"K"，简称为KK，但这还不够。

在华与华方法中，凡事都要寻找到哲学级的洞察和原理级的解决方案。换言之，弄清一件事，要从根本上去定义它，要找到它最底层的逻辑和原理。

命名的一个底层原理是：词语的权能大于话语的权能，品牌名的权能大于品牌口号的权能。

假如别克出了一款高配置的商务车，它用一句口号——"全新别克商务车，贵宾级的享受"，就不如直接将这款车命名为"别克贵宾级商务车"。后者显得更权威，价值感更强，定价空间也更大。

同理，"KK，专业少年装"就不如直接称为"KK少年装"，因为我们的战略目标是占领"少年装"这个品类。

而要占领"少年装"这个品类，首先要占领"少年装"这个词语。考虑到"少年装"的品类名无法注册，项目组选择在"KK"的简称中增加"少年"一词，直接召唤少年消费者。

就这样，今童王的新名字诞生了：

KK少年

"KK少年"这一品牌名中，不仅"少年"对消费者有极强的召唤性，而且"KK"两个字母的组合方式也能凸显一定调性，非常契合服装行业的时尚属性。

华与华用哲学级的洞察和原理级的解决方案一锤定音，结束了今童王品牌名的混乱状态，构建了品牌未来发展的基础。

从KK少年这个名字诞生的第一天起，客户才从真正意义上开始高效积累品牌资产。KK少年一出生便占据了无与伦比的行业位势，为少年装第一品牌奠定了基础。

品牌谚语：设计一句话让孩子说给家长听

品牌谚语的关键是要设计一句话，让消费者或者使用者替我们去传播。今童王原有的品牌口号"我潮，我酷，我快乐"，比较书面，很难喊出来。项目组在市场调研时发现，购买少年装的过程，是家长与孩子的博弈过程，通常分为两种场景。

家长代为购买：少年忙于学业，没时间逛街。家长代为购买，回去让孩子试穿并决定是否退换。如果孩子不喜欢，家长即使强行买回去孩子也不会穿。

家长陪同购买：在购买时家长和孩子都会表达看法，当看法不一致时，开明的家长也会适当听取孩子的意见。

很显然，在少年装的消费过程中，购买者是家长，使用者是孩子。家长因付费所以起主导作用，孩子因实际使用所以有一定话语权。随着孩子渐渐长大，孩子选择服装的自主权也越来越大，尤其到了青春期，孩子的偏好对购买的实现有着举足轻重的作用。所以，对KK少年而言，必须要设计一句话，让孩子在挑选衣服时说给家长听。

项目组最终确定了品牌谚语：我穿我的，KK少年。

我穿我的 KK少年

"穿"表明是服饰，还有明显的指令性。"我穿我的"也非常契合青少年时期自主意识的觉醒——"我不再是个小孩子了""该穿什么衣服，由我做主"。这种情景也是一个循环往复发生的文化母体。

2. 符号系统：超级符号及超级门头

超级符号："标字"设计一目了然

今童王原有的品牌符号是一个比较抽象的老虎头（老虎代表King，今童王的"王"），但是识别和理解的成本过高。

品牌改名后，该如何设计代表KK少年的超级符号呢?

这就要用到华与华标志设计的理念：尽量做"标字"，不要做"标志"。也就是说，要一目了然看见KK少年的名字，以KK少年字体为中心进行设计。

品牌的英文单词"Brand"源出古挪威文Brandr，意为"烧灼"。最初来源于人们要标记自家所有家畜或私产，用烧红的烙铁在这些家畜和财产上烙上自己的标志，从而和别人的同类物品区分开来。

在遥远的古代，由于识字率低，用人人都认识的图形（"标志"）来替代文字（"标字"）做标记。而到了现代，人们的文化水平有了很大提高，"标字"比"标志"往往更有优势。我们曾尝试找到一个符号来代表KK少年这个名字，后来我们发现没有比KK少年更能代表KK少年的符号。

因此，KK少年比其他图形标志更具有自明性，传播成本更低，也更能够体现价值。而重新创作一个全新的图形标志，反而在KK少年之外又增加了消费者的记忆成本。

那么就只需要考虑如何将KK少年四个字符号化。

为了强化品牌名KK少年，使其有一定的抽象度，更强的符号感，同时有更明确的边界、更强的存在感，项目组在设计上运用了很多品牌都会用的色块。

最终，KK少年的超级符号诞生了。

超级门头：信号能量秒杀一条街

街道即货架，门店即包装。要把街道看作竞争激烈的货架，像设计产品包装一样设计每一家门店，尤其是每一块门店招牌，因为门店招牌就是最大的广告位。

在招牌上，项目组将KK少年的超级符号尽可能放大，加上红色色块所具有的视觉强制性，使其信号能量达到最强。

不论白天还是夜晚，红色方标都能让KK少年的店铺在街道上脱颖而出，抢夺过往行人的注意力，秒杀一条街。

超级门头落地后，门店获客效果显著，下面是经销商访谈中一些有代表性的原话：

・容易记，进店率明显有提高。人家走过门口，脸都要转过来，不往前面看。

・信号很强，其实有的人不想看，但又不得不去看，因为这个红颜色招牌（醒目）。

・我门口那些幼儿园的（家长）路过的时候都会说："哦，这是KK。"原来老虎头那个不好记，英文读不出来，一般人谁知道。

・不管是谁路过，买还是不买，他都要念一下这个名字。而且这个名字朗朗上口，老人也好，小孩也好，只要读过书的，他都能读得出KK少年，有的小孩子"KK少年、KK少年"念个不停。

3. 产品结构：产品设计及品类结构

产品设计：名副其实的少年装设计

与其他产品相比，服装有着鲜明的个人偏好，且品类和SKU极多，所以KK少年产品结构的调整难度非常大。

而少年装又是个全新的品类，没有人说得清楚少年装到底该怎么设计，少年装与童装在设计上究竟有何不同。

项目组开展了大量的案头研究，读遍了市面上能见到的与童装相关的论文、书籍和研究报告，涉及服装设计、符号学、心理学等相关学科。

与此同时，不定期驻扎一线门店进行市场调研，甚至跑到中小学门口蹲守，观察中小学生的衣着习惯。

最终，洞察并归纳了少年装与童装在设计上的主要区别，从风格、元素、尺码等方面，都给客户提出了明确的调整建议。

为了凝聚双方共识，推动产品设计升级，项目组还撰写了《KK少年产品开发手册》给客户的设计部门作参考。

KK少年产品开发手册1.0版

2020-06-06

经过项目组与客户设计师团队的密切配合和共同努力，今童王成功将产品设计由中大童装逐步调整为名副其实的少年装。

品类结构：增加内搭基本款品类

如前文所述，企业要为社会解决某一方面的问题，而品牌就是企业对解决该问题的完整承诺，承诺越完整，则社会通过该企业交易的成本越低。

在与华与华合作前，今童王产品定位为"轻奢潮品"，外穿流行款在品类结构中占据较大比重。

但是，华与华考察"大孩子不好买衣服"这一社会问题发现，消费者不仅不好买外穿流行款，也不好买内搭基本款，甚至由于少年日常着装以校服为主，后者的需求反而更大。

所以，定位为"8～18岁专业少年装"的KK少年，要增加内搭基本款品类在品类结构中的比重。

　　如今，KK少年的产品开发线已涵盖时尚运动、校园复古、国潮等风格系列，既紧跟流行，又百搭耐穿，深受广大少年消费者的喜爱。

第三章

集中优势，聚焦区域饱和开店

　　项目组为今童王确定了企业战略和品牌战略后，随即便在丽水快速展开门店测试工作。

　　丽水店的测试难度非常大，因为除了要更新门头、更新产品结构，还有一系列的难题要去破解。再加上新冠疫情的暴发，今童王库存积压，退货率猛增，现金流枯竭，经营更是雪上加霜。

　　功夫不负有心人，最终项目组和客户团队一起经历了8个月的艰难筹备，全面更新了门头、产品结构、产品拍摄、陈列模式、pop系统，还有空间设计。2020年12月，丽水店重装开业，并取得了爆发式增长。

　　但大家都知道，一家店的成功并不难，难的是——开100家店，同样成功。那些大企业有钱、有人、有资源，对于他们来说开店有很大的容错空间。但是像今童王这样的中小企业，钱少、人少、资源也少，不能走错一步。今童王原来有200家门店，却分布在全国20多个省份，平均每个省还不到10家，招商和维护的成本都非常高，最重要的是品牌传播太分散，很难形成顾客认知。

所以我们决定必须要把资源聚焦到某一个或者两个省份，插红旗，树典范，区域饱和开店，形成规模，才能形成局部区域的品牌效应。这一次我们将目光转向了贵州。

为了进一步聚焦资源，我们把通常在公司总部湖州开的订货会也搬到了贵州。最终在这场订货会中，KK少年当场就签约了35家新门店，仅贵州一个省的订货额同比去年就增长了170%，同比前年增长了254%。而且，聚焦贵州形成的品牌效应正在显现，目前KK少年全国最赚钱的门店几乎都分布在贵州，KK少年的渠道扩张模式由此一炮打响。

▲　经销商士气高涨

第四章

两大系统抓手，赋能企业经营管理

华与华认为：没有创意，战略等于0；没有手艺，创意等于0；没有执行，一切等于0。无法坚决地执行落地，再好的企业转型战略和品牌顶层设计都没有意义。

对今童王这样的中小企业客户来说，华与华的价值不仅在战略营销品牌问题的咨询，还在于企业文化和经营管理思想的构建，在于转型阶段的定心和陪伴。

华与华的事业不断发展壮大，靠的是三大系统：除了华与华方法（HHM），还有华与华人与文化（HHPC）、华与华生产方式（HHPS）。外界往往只关注华与华方法，其实后两者才是不轻易示人的"宝藏绝技"。

在服务客户时，项目组用华与华方法帮助客户输出方案，也可以用华与华人与文化、华与华生产方式帮助客户推动方案落地。

在服务今童王时，为了推动方案落地，华与华以企业文化体系构建和工作流程改善为抓手，深度介入今童王的日常经营管理，持续为今童王赋能。

1. 人与文化的赋能：企业文化体系构建

企业文化是企业的"软制度"。企业文化半径小，可以深刻影响每一个员工的言行，将企业塑造成一个拥有共同价值观的文化社区；企业文化半径大，可以超出自己的企业范围，甚至无远弗届，影响全社会。

项目组以华与华人与文化的理念为指导，根据今童王的发展历程和资源禀赋，梳理出完整的企业文化体系，潜移默化地影响员工行为，并最终成为今童王每位员工遵循的价值观和行为方式。

2. 生产方式的赋能：工作流程改善

华与华学习日本丰田公司的生产方式，逐步形成了具有自身特色的华与华生产方式。华与华将这一系统毫无保留地与客户分享，以提升客户日常的工作效率，减少浪费。

除了日常的晨晚会、培训会，华与华还积极策划每一季的订货会和经营会。大到活动物料的设计，小到宣讲PPT的撰写，华与华都不遗余力地协助客户。

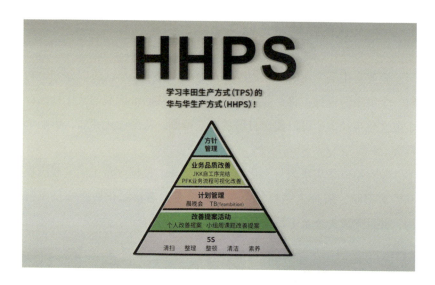

有了三大系统的加持，华与华与今童王形成了水乳交融、同甘共苦的协作关系，双方并肩作战，成功克服了疫情影响、资金紧缺等一系列困难，不断将转型事业向前推进。

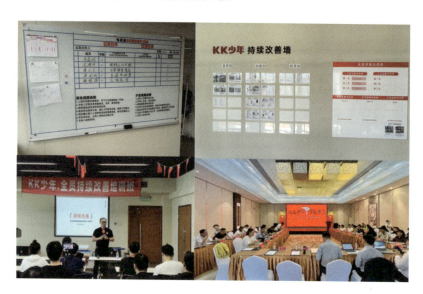

2020年10月，KK少年正式发布全新品牌形象，向消费者、向全行业传递"做中国少年装第一品牌"的宏大愿景。

新形象的投入使用是KK少年迈入新阶段的里程碑，也是品牌驶入发展快车道的指路牌。

▲ KK少年董事长濮新泉先生和分公司代表启动品牌升级

随后，超级符号和超级门头开始在全国门店加速落地，今童王脱胎换骨，成为KK少年，品牌影响力大幅提升。

目前，KK少年发展势头迅猛，线下门店已达300余家，遍布全国22个省份和100多个城市，形成覆盖百货商场、购物中心、步行街和奥特莱斯的全渠道发展格局。

在KK少年之后，越来越多的服装企业也开始在少年装领域发力，中国少年装行业呈现一片蓬勃发展的景象。而KK少年，也成为中国少年装行业当之无愧的领军品牌！

華与华方法

华与华企业战略菱形模型

　　企业战略不是企业的战略，而是企业为承担某一社会责任、解决某一社会问题而为社会制定的战略。企业的产品和服务，即组成该社会问题有效的、全面的、可持续的解决方案。

企业定位，是定位企业为社会解决什么问题，是选择企业作为社会重要器官的社会分工。企业社会责任，就是企业为社会承担解决该问题的责任。企业经营使命，就是企业为社会承担的使命和责任，因为使命本身就是重大的责任。企业战略，就是为社会制定解决该社会问题的战略。

企业战略体现为业务组合和产品结构，这一套产品和服务，就是该社会问题的解决方案。战略也没有公式，比如一组经营活动的最佳组合，选择做哪些活动、不做哪些活动，是战略选择问题，是价值创造问题，也是管理会计问题。"总成本领先"本身是管理会计的作业成本法，作业决定成本。同时，战略也是企业基因问题，那个活动你可能"该"做，但是没有那个基因，你就是做不了。

还有最根本的，是经营使命问题，企业价值观问题。不符合你的使命，不符合你的价值观，也许不会去做。这是永恒的哲学问题和人生选择，只能一企一策，一事一议。

华与华方法的三大定位：

第一定位，是经营使命定位。这是定位我为社会解决什么问题，也是社会分工定位，定位自己一生的使命。

第二定位，是业务战略定位。我的业务是什么？我提供哪些产品和服务？就是在华与华"三位一体"战略模型里的企业战略，用一套产品和服务去解决社会问题。

第三定位，是经营活动定位。就是迈克尔·波特的战略定位，是一套独特的经营活动组合，实现独特价值，总成本领先和竞争对手难以模仿。

第三定位支持第二定位，第二定位实现第一定位，第一定位是最终目的，始终服务于社会的目的，这是本质。

敢标真年份
内行喝潭酒

华与华超级符号案例
点评语

华 杉
华与华营销咨询有限公司创始人

在酱酒的风潮里面，有很多的投资者涌入，想要去做一个酱酒品牌。但是我觉得酱酒就分为两种，一种是茅台，一种是其他，关键就是在其他里面怎么样做出自己的价值。虽然今天潭酒的规模还远远不如茅台，但是已经做出了茅台也没有的价值，就是真年份的龙标。

在华与华，营销有两种价值观，一种价值观就是大家通常讲的——顾客不需要真相，你只要蒙着他的眼睛，牵着他走，占领他的心智就好了。一瓶酒的年份，你说50年就50年，你说30年就30年，没人跟你较真儿。这种价值观就是利用了信息的不对称。而我们倡导的是第二种价值观，致力于让信息对称，因为信息总是从不对称往对称走的。假定顾客都是内行，都是专家，他们了解了一切真相，并且有了辨别能力，那应该就是我卖光了，他才会到第二家去买。

所以我既不怀疑潭酒能做到100亿，也不怀疑华与华能做到100亿。你在一个不断让信息对称的正道上去积累，用真年份、真人、真心、真本事去积累，这样得来的东西是任何人都夺不走的。

潭　酒

话语体系决定基业长青，华与华品牌三角形的标杆案例

潭酒案例，是华与华品牌三角形的标杆案例，也是华与华品牌话语体系的标杆案例。

很多人都说，口号就是一个推广的创意，每隔一段时间就要更新一次。但在华与华方法里，口号就是战略，口号就是投资，口号就是行动。口号直至企业战略根底，是牵一发而动全身的。

口号不仅说事，而且做事。华与华就是用话语体系改变了潭酒品牌的命运。

- 敢标真年份，内行喝潭酒
- 透明价格一张表，货真价实不虚标
- 读懂龙标，秒变酱酒内行
- 用"真年份＋互联网"把白酒重做一遍
- 潭酒真年份涨价节：一到元旦，潭酒就涨价

可以说，一个品牌，就是一套话语体系，能维持百年的话语体系，就是百年品牌。

引 言

话语体系是个语言哲学问题，一切基于语言表述。

在互联网时代，特别是移动互联网时代、万物互联时代，企业和消费者的距离越来越近，近到什么程度呢？近到"地球村"的程度。媒介环境学把互联网称为人类的返祖现象，是重返部落时代，在一个村子里，部落里。

这不再是大众传播时代，你包装出一个"形象"，别人远远地顶礼膜拜。而是"同村眼里无伟人"，你的一举一动，都没有隐私；你的家长里短，都有吃瓜群众；你的"私下谈话"不复存在，每一句话都是"全村儿都知道"，一出事就"全村儿都完了"。

所以，品牌传播已没有内外之分，必须一以贯之，一竿子插到底。同时，这也带来前所未有的机会，你的事业理论和企业文化可以由内而外，由近及远，影响"全村人"。

潭酒首先立足于一个正确的营销价值观，让信息对称。假如信息对称，假如消费者是专家，懂得产品和服务的一切真相，他就一定会选择潭酒！

营销的本质是一种服务，给顾客的信息和咨询服务，它的背后是价值观。在信息对称的情况下，因为标准只有一个，那么必定会有最好的产品和服务。

在"品位""价值""尊贵"等软概念满天飞的白酒市场，潭酒回归酱酒产品本质，开创并定义真年份酱酒，推动行业创造新的价值标准，实现了潭酒品牌的价值突围。

未来的市场中，随着消费者消费知识的日益丰富，品牌话语权会进行再分配，谁帮助消费者建立消费知识，谁就拥有了话语权。

在潭酒的案例中，华与华用"敢标真年份，内行喝潭酒"的品牌谚语，一针捅破白酒行业"年份虚标"的社会问题，并逐步形成潭酒独特的真年份产品科学和产品结构，确立了"真年份＋互联网"的事业理论，以及"真年份调酒节"和"真年份涨价节"两大品牌营销日历。

最终，潭酒成为代表白酒顾客的根本利益、代表白酒行业的先进生产力、代表白酒行业先进文化的现象级标杆案例。

第一章

一针捅破天的品牌谚语

华与华做项目的起手式是寻找社会问题，因为企业为解决社会问题而存在，一个社会问题就是一个商业机会。

白酒行业最普遍的问题是白酒年份到底是啥年份？50年陈酿是真的存放了50年吗？在网上随手一搜"年份白酒"，就会弹出很多因为年份虚标而造成消费者起诉的新闻。

消费者对于"年份白酒"的质疑成了一个普遍的社会问题。那么企业到底需不需要让消费者知道真相？

在华与华，营销有两种价值观：一是利用信息不对称，消费者不需要知道真相，也不需要懂得产品科学，我只需要占领他的心智，蒙住他的眼睛，牵着他的手，让他选择我。二是让信息对称，假如信息对称，假如消费者是专家，懂得产品和服务的一切真相，他就一定会选择我。

什么叫营销？营销的本质是一种服务——给顾客的信息和咨询服务，它的背后是价值观。在信息对称的情况下，因为标准只有一个，那么必定会有最好的产品和服务。

早在2014年，潭酒就开创了"真年份"，并每年都举办"潭酒真年份调酒节"，已经连续做了八年。潭酒也是行业里第一个推出"酿造年份＋灌装年份"双标注的单一真年份酱酒，项目组由此得出了品牌谚语的第一句话"敢标真年份"。

在"品位""价值""尊贵"等软概念满天飞的白酒市场，华与华认为，潭酒回归产品本质，做足"真年份"文章，是潭酒品牌的百年大计。

又因项目组在泸州做调研时，从一个烟酒店老板口中得知，潭酒给全国知名的酒厂提供基酒，内行的人都爱买潭酒喝，这样就得到了品牌谚语的后半句"内行喝潭酒"。

由此，华与华为潭酒创作了一针捅破天的品牌谚语：敢标真年份，内行喝潭酒。

敢标真年份
内行喝潭酒

▲ 华与华为潭酒创作的品牌谚语

【**敢标**】是潭酒品牌敢为人先的勇气，也是作为建于1964年，赤水河老牌酱酒厂的底气。

【真年份】解决了白酒行业年份虚标的社会问题，明确了潭酒品牌提供给消费者的产品价值，并给消费者购买潭酒的强大理由——买酱酒首选真年份。

【内行】是在赞美消费者，也在召唤消费者。让爱酱酒、懂酱酒的内行消费者先喝潭酒，继而带动越来越多的外行消费者选择潭酒。

【喝潭酒】口号里要有品牌名，而且口号就是行动，下达行动指令，直接告诉消费者喝潭酒。

做营销、做品牌传播的工作，回到一个最古老的词——宣传，我们做的就是宣传工作，宣传就是为了影响人的看法和行为。

营销不就是要影响你的看法，让你认为我这个东西是你需要的吗？营销不就是要影响你的行为，让你来买我的东西吗？

我们做的所有传播活动都要始终服务于一个最终目的——行动。这个行动有两个表现：一是他买我的产品；二是他跟别人推荐我的产品。

要做到这两点，那么我们就要提供给消费者可以识别、记忆、传播的符号和词语。超级符号是要帮助消费者记忆和识别，而品牌谚语就是我们提供给消费者的词语，从而让消费者帮我们传播。

"敢标真年份，内行喝潭酒"一针捅破了白酒行业"年份虚标"的社会问题，让消费者买潭酒的产品，并传颂潭酒的美名。

▲　潭酒在全国核心市场机场、高铁站、高速公路投放大牌

▲　品牌谚语全面媒体化

第二章

产品科学就是产品结构

一个品牌，一定要在某些方面知识领先。知识就是力量，知识就是营销力量。人类知识的前沿在哪儿？不是在学校里，而是在企业那里。

企业的知识体系，是用企业的话语体系来表达的，也就是我们说的产品科学。它让企业成为这个领域的权威，成为这个领域的灯塔，最终才能够成为百年品牌。

如果企业的知识落后了，这个品牌一定会被淘汰。拿茅台举例，它就是通过"年份"掌握了酱酒品质的话语权和解释权，成为高端酱酒的权威。

潭酒酒厂建于1964年，是赤水河老牌酱酒厂，年生产酱酒2万多吨，储存规模达8万余吨，老酒存量4万吨。近30年来潭酒为全国180多家酒厂提供优质基酒，给他们勾调好味道。其中包括多家在全国评酒会荣获"全国名酒"称号以及获得各省名酒称号的酒厂，潭酒也因此被同行赞誉为"名酒背后的名酒""隐形的酱酒大王"。

懂酒的人都知道，尤其是酱酒，没有老酒勾调提味，酒的口感、层次、厚度是达不到的，酒的品质很难支撑，也就很难把产品卖到

▲ 赤水河老牌酱酒厂——仙潭酒厂

600元、1000元，甚至更高的价格。

任何酱香酒都需要经过勾调才能好喝，而通过勾调，可以产出两种真实年份的酱酒：

　　一种是对同一年份酱酒的七个轮次基酒进行勾调，形成100%单一真年份酱酒。
　　另一种是把调好的七轮次基酒和不同年份的老酒搭配，形成混调真年份酱酒。而勾调的老酒年份与比例稍有不同，酒的口感和味道也会不同。

　　①基酒年份与比例；
　　②基酒的七轮次组合；
　　③最后是不同年份老酒的比例。

一瓶酱酒的真实年份，就是组成年份配比表上面的三组数据。为了降低营销传播成本，让酱酒年份表成为潭酒品牌资产的一部分，就需要一个超级符号，让人秒懂酱酒真年份，并且一下记得住。

1 波尔多特级名庄级别

2 法国生产

3 "Chateau" 译指酒庄

4 酒名

5 波尔多村庄产区

6 法定村庄产区级别

7 葡萄摘采年份

8 酒精度

9 生产商地址编码

10 酒瓶容量

11 装瓶方式

12 装瓶编号

▲　红酒酒标

项目组从红酒酒标上找到了灵感和文化原力。红酒酒标就像是一款酒的身份证，它不仅是产品品质的背书，也是一款佳酿的人生故事。潭酒品牌超级符号——真年份龙标，也应运而生。

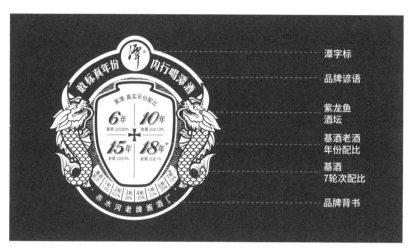

潭字标

品牌谚语

紫龙鱼
酒坛

基酒老酒
年份配比

基酒
7轮次配比

品牌背书

▲ 潭酒品牌超级符号——真年份龙标

在真年份龙标的私有化上，项目组做了两个处理：

　　一是嫁接"酒坛"这一中国酒文化符号，将酒的年份及配比信息标注得清清楚楚；
　　二是结合潭酒1964年龙年建厂，作为赤水河老牌酱酒厂的企业历史，设计了"独角紫龙鱼"的超级品牌角色，形成潭酒独特的"真年份龙标"符号。

以紫潭酱酒为例，龙标中间分别标出"6年基酒占比80%""10年老酒占比10%""15年老酒占比9%""18年老酒占比1%"的不同比例，底部是基酒7轮次配比。

基酒
年份及占比

不同老酒
年份及占比

基酒
7轮次配比

消费者只要看龙标，就能秒懂酱酒真年份，成为酱酒内行。

通过真年份龙标，项目组在没有增加任何成本的情况下，重新开发了潭酒产品。产品只要贴上龙标，就从过去一款普通酱酒，变成了一款真年份酱酒。

▲ 华与华改造前

▲ 华与华改造后

白酒行业是一个低门槛的传统行业，原料、工艺、储存等各家酒厂都一样、可复制。而对于中国酱酒来说却有三个不可复制：

    1）"赤水河黄金产区"不可复制，因为独特地理地貌形成的微生物菌群不可再生；

    2）"老酒储能"不可复制，因为历史沉淀不可再生；

    3）"勾调技艺"不可复制，因为时间和经验的积累不可再生。

这三大不可复制的品牌资源禀赋，让潭酒形成了以"百家勾调技艺"为基础，"单一"和"混调"两大酱香真年份的产品科学，也为真年份白酒市场创造了新的知识，成为真年份酱酒的首席知识官。

潭酒的龙标就是真年份酱酒产品科学的知识说明书。

产品科学就是产品结构，每一个真年份龙标就是一款潭酒产品，

▲　潭酒构建了完整的真年份酱酒产品结构

当消费者喝过紫潭酱酒，感觉不错后，就很容易跟着龙标去喝潭酒的其他产品，这样所有潭酒产品都互为广告，流量互通。

华与华认为，卖任何一个产品，都是为了卖下一个产品。所有的产品都是一个整体，是串联起来的，这就是产品结构。

第三章

解决行业问题的事业理论

什么是事业理论？企业对社会问题的解决，必有一种理论。这一理论必是先进的，能令人信服，能解决问题。你对你所从事的事业有独特的认识，有独特的角度和系统的方法论，这就是事业理论。

白酒行业是一个相对垄断的行业，品牌经销代理的门槛和投入高，能长期赚钱的品牌就那么几个，只集中在少数几个经销商手里。

大部分经销商只能去代理品质低、价格高的酒，追求短期利益最大化，因而造成白酒市场劣币驱逐良币的现象，串货乱价特别普遍，很多品牌短期赚钱、长期不赚钱。

而对消费者来说，中国酱酒品牌有几百家，值得信赖的品牌却很少。酱酒产品的年份和价格虚标也是多年以来的消费痛点。消费者买酒是靠广告、包装和所谓的年份标注来判断，买得不明不白。

针对商家和消费者各自的问题，潭酒确立了企业经营使命：让天下的酱酒都成为真年份酱酒，让天下爱酒人都成为酱酒内行人。并且，用"真年份＋互联网"的事业理论和运营模式把白酒重做一遍。

▲ 潭酒事业理论——用互联网把白酒重做一遍

　　商家要长期稳定挣钱，厂家必须要控得了价格。潭酒是中国首家标价即卖价，全国统一价的厂家。

　　潭酒产品所有价格都通过一张表标明，真实年份、真实价格，货真价实不虚标。华与华认为"经营的最高境界就是货真价实"。货真就是真人、真心、真品质；价实就是既不虚标，也不会卖不出该卖的价格，企业由此满足了自己的定价权。

　　潭酒也是中国酒业第一家实现"一物一码""五码赋能"的企业。通过互联网，潭酒可以实现线上签约发货、直配倒返，管住了物流，也就管住了价格。潭酒，已经成为从供应链到支付、返利、收益结算，全链路线上实时运作的白酒企业。

　　在"真年份＋互联网"的模式运营下，潭酒的商家0打款、0压货、0配送、低市场库存，主要负责落地厂家政策、协同厂家推广、服务烟酒店、实现快速签约与动销、完成市场布局。

　　与此同时，通过数字化实时渠道运营管理、落地人效管理，潭酒

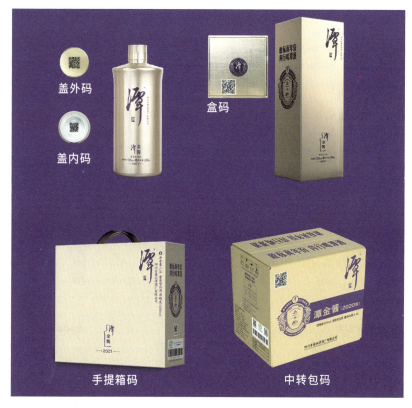

盖外码

盒码

盖内码

手提箱码

中转包码

▲　潭酒是中国酒业第一家实现"一物一码""五码赋能"的企业

可以把经营目标拆解到每一个业务员、每一个经销商、每一个终端，监测实时数据，高频复盘，及时发现问题并调整策略，确保目标实现。

很多酒企都不知道自己的消费者在哪里，但潭酒知道。今年潭酒线上直接触达消费者156万人，"酱香潭酒全国，全国门店送潭酒"活动总参与人数超过55万。

通过精准用户运营，潭酒不仅给经销商费用，并且在品鉴、消费、复购、会员全链路中由业务中台运营，推给消费者真正感兴趣、真正想要的产品。

潭酒形成自己独特的"真年份＋互联网"的事业理论，并通过这套策略展现出强大的品牌增长力。

潭酒从2020年年底到2021年年底，业务区人数从212人扩展至1200人，布局省份从12个扩展至27个，城市覆盖从78座扩展至200座，经销商数量从263家扩展至2100家，网点数量从1394家扩展至40 000多家。

2021年潭酒品牌爆发出强劲增长力，核心数据均出现指数级增长

第四章

营销日历增值品牌资产

企业经营主要有两个视角，一个是成本，另一个就是投资。投资需要形成资产。所以，华与华讲品牌资产观。

什么叫品牌资产？能给我们带来效益的消费者品牌认知就叫品牌资产。什么叫品牌资产观？就是每一分钱的投资，都要形成资产，能形成资产我就做，不能形成资产我就不做，这样就能排除废动作。

那么我们真正去打造一个品牌资产，到底是要打造什么？华与华认为，品牌资产就是品牌言说，这是和"超级符号就是超级创意"同等分量的一句话，也是华与华品牌资产理论的核心。

品牌资产包括品牌名字、标志、产品、包装、店面、广告、促销活动、公关活动、社会活动等，是和品牌有关的一切，能被消费者言说，从而给品牌带来购买和传播效益的部分。

"必须是言说的形式"，是华与华方法品牌资产学说的关键；"不可言说"，就不可传播。这是基于口语在传播中至高无上的地位，而不是书面语；更不能总结概括，只做口语罗列。

潭酒的品牌资产，首先当然是品牌名字——潭酒；其次就是"敢标真年份，内行喝潭酒"的品牌谚语；再次，是"真年份龙标"的超级符号和品牌紫色；最后，"用互联网把白酒重做一遍"的口号也成为针对渠道招商的品牌资产。这样，就有了可以表述的潭酒的五大品牌资产：

1）潭酒；

2）敢标真年份，内行喝潭酒；

3）读懂龙标，秒变酱酒内行；

4）紫色；

5）用互联网把白酒重做一遍。

这些能够言说的话语，就是能给企业带来"买我产品，传我美名"效益的品牌资产。

华与华对自己的定位是企业的战略营销品牌终身顾问，每年为客户提供的关键服务就是保护品牌资产、增值品牌资产。

今年，华与华为潭酒新增了两大品牌营销日历活动资产：

1. 针对连续举办八届的潭酒真年份调酒节，提出管用一百年的口号——"喝老酒，存新酒"

▲ 潭酒真年份调酒节口号——"喝老酒，存新酒"

这是一句能召唤所有懂酱酒、爱酱酒的内行消费者的超级口号，因为这是全国内行消费者潜移默化、主动自发遵守的酱酒消费习惯，具有强大的行动指令性，能够成规模地卷入消费者。

最为关键的是潭酒开创的酱酒真年份，真正能满足"喝老酒，存新酒"的消费需求，在调酒节上我们也针对性地开发了两款产品：

一个是8年坛储版、每年限量发行的生肖纪念酒；另一个是"酿造年份＋灌装年份"双标注的到厂限时封坛酒。

两款都是单一真年份酱酒，只在每年的调酒节上发布，这样也就能牢牢地占据"喝老酒，存新酒"这句超级口号，让潭酒真年份调酒节成为真正属于中国酱酒内行的节日。

▲ "紫龙鱼"卡通形象在2021年潭酒真年份调酒节上亮相

潭酒真年份调酒节发展史

2021第八届潭酒真年份调酒节因为疫情采用线上直播的方式举办，3个小时超15万人在线观看，12大直播平台累计观看人数达200万，全网见证年份潭酒2018配比诞生和年份潭酒2013（坛储版）问世。年份潭酒2013（坛储版）限量发售20万瓶，上线3天，招商149家，销售额3017万元。

▲ 年份潭酒2013（坛储版）在2021年潭酒真年份调酒节上问世

2. 潭酒把传统的经销商到终端商的层层加价销售模式，改为销售返利模式，这就有效解决了渠道乱价的问题

通过物流直配，消费者扫产品包装上的二维码支付，做到了标多少卖多少、线上线下全国统一价。

每年元旦潭酒全线产品就涨价，是因为酱酒年份上涨，价格就会上涨，区别于传统行业白酒价格随市场行情上涨的模式，这样就诞生了潭酒每年的第二个重大品牌节日——潭酒真年份涨价节：一到元旦，潭酒就涨价。

▲ 潭酒真年份涨价节口号——"一到元旦，潭酒就涨价"

2021年潭酒真年份涨价节于12月1日正式开启，华与华为潭酒真年份涨价节创作的超级醒脑歌曲也正式发布。同时，围绕真年份大使"紫龙鱼"开发系列周边产品和活动。"紫龙鱼"在全国27个核心市场巡回演出"涨价舞"，与人们一起喜迎潭酒涨价。

至此，围绕"真年份"，潭酒投资并建立了"真年份调酒节＋真年份涨价节"两大品牌营销日历活动资产，是行业内绝无仅有的。只有潭酒有，也只有潭酒能做。

品牌三角形

华与华品牌理论，称为"华与华品牌三角形"，是构建和管理品牌的完整架构与先进理论。

品牌三角形的底边是产品结构，左边是话语体系，右边是符号系统。一个产品结构、一套话语体系和一套符号系统，就构成了全部的品牌和品牌的全部。

华与华品牌三角形

产品结构、话语体系、符号系统组成了品牌的三位一体。

产品结构：产品结构是品牌的物质存在，是品牌的本原。

话语体系：无论是物理形态的产品还是服务产品，每个产品都有各自的命名和定义，这个命名和定义就是品牌的话语体系，是品牌的文本传达。

在华与华品牌三角形中，与现有品牌理论不同的，是将企业的事业理论、产品科学、品牌话语、企业文化，全都纳入品牌话语体系，并入品牌管理中。

符号系统：每个产品或品牌都有一个感官上的体验。看着像什么样子，听上去是什么声音，摸起来是什么触感，闻起来是什么气味，吃进去是什么味道……这些品牌的感官信号就是它的符号系统。

从哲学上来说，产品结构是物质属性，话语体系是意识形态，符号系统是运用人类集体潜意识的方法。

所以，品牌三角形的三条边，分别代表物质、意识和潜意识。物质决定意识，同时意识对物质有能动作用，而品牌传播，是利用潜意识的艺术，这就是华与华方法的品牌哲学。

而整个世界，就是由物质结构、话语体系和符号系统构成的。万物同理，人类文明和宇宙，都可以装进华与华品牌三角形中。

华与华认为品牌三角形就是品牌的体系，我们定义一个品牌必须定义它的产品结构、话语体系和符号系统；改变一个品牌，也必须改变它的产品结构、话语体系和符号系统。可以说关于品牌的一切都在品牌三角形之中，在品牌三角形之外，没有任何一件事情与品牌有关。

在潭酒的案例中，华与华用"敢标真年份，内行喝潭酒"的品牌谚语，一针捅破天，捅破白酒年份虚标的社会问题；逐步形成潭酒独特的真年份产品科学和真年份产品结构；确立了用"真年份＋互联网"把白酒重做一遍的事业理论；新增了真年份调酒节和真年份涨价节两个品牌营销日历活动；创立了"真年份龙标"的超级符号和品牌角色——真年份大使"紫龙鱼"。

从2019年开始与潭酒合作至今，华与华完整构建出了潭酒品牌的三角两翼，让潭酒成为中国白酒行业先进文化的代表。

爱好文具

爱 就 是 好

华与华超级符号案例
点评语

华 杉
华与华营销咨询有限公司创始人

在爱好这个案例上显示的华与华价值观叫作"持续改善"，什么叫作"持续改善"？

第一，要养成"把问题当问题看的眼光"。看到订货单，能认为它是个"问题"，看到它造成的浪费，并且进行改善。我相信通过订货单的改善，增加订货额，是很容易的。

第二，我们每一次做同样的事都能比上一次做得更好，并且知道好在哪里。要用这种持续改善的理念去做事。

我也要特别感激爱好的张恩敏先生，他不急不躁，一直在我们营销的整个体系中前进。因为有些客户为了一个一步登天的大创意，就能把他全部身家赌上去，我们是特别不赞成这种赌博式经营的。我认为企业家应该一心只在自己内部，然后由内而外，由近及远，凡事彻底、持续改善，始终坚持量变比质变重要，最后有好运来的时候是上不封顶的。但如果你老想夺取最大的胜利，可能最后一脚踩空，带来的风险敞口是下不保底的。

爱好文具

从制造驱动营销，走向营销引领制造

我国文具制造企业的生产能力及规模已发展为全球顶尖水平。然而近年来，整个文具行业却面临着以下几个问题：

1）进口品牌产品质量高、议价能力强，抢占国内高端文具市场；

2）产品开发重外观、轻技术，互相模仿，产品同质化严重；

3）各大厂家打价格战，背后却是品质和利润的下降，形成恶性循环；

4）原材料价格上涨，劳动力成本上升，企业利润越来越低。

2020年艰难的文具行业又受到疫情冲击，学校不开学，文具需求量大幅下降，企业延迟复工也引发库存和原材料问题。行业问题日益严峻，生产优势不再发挥强势作用，加上疫情影响，文具企业经营一年更比一年难。华与华的客户爱好文具，也面临着相同的困局。在如此激烈的市场竞争和恶劣的大环境下，传统制造企业如何玩转营销，赢得竞争优势，实现销售增长？

华与华认为企业品牌营销要贯彻5S的思路，品牌营销也应该要做清扫，发现问题，持续改善和解决问题，排除营销中的废动作。所以华与华接到一个品牌，首先就是对企业的品牌营销进行整理。品牌营销是个整理的过程，先有整理后有爆发，有整理则爆发可持续，没有整理，即便爆发也不可持续。接下来将通过本案例为大家讲解华与华是如何为爱好做营销整理，助其实现从"制造驱动营销"走向"营销引领制造"。

引　言

爱好文具正式成立于1995年，专注于文具行业，集生产、销售、研发为一体，其前身长生制笔诞生于20世纪80年代，是中国第一批制笔企业之一。爱好文具的生产制造能力处于国内顶尖水平，非常多的知名的国内外文具品牌其实都是爱好代工生产的，其产品内销全国市场，外销也覆盖100多个国家与地区。

2018年爱好文具与华与华达成战略合作，四年来，华与华为爱好做了五大关键动作：

1）基于爱好资源禀赋及社会问题，制定高品质企业战略。

2）创意超级符号"爱好之心"和品牌谚语"爱好文具，爱就是好"，高效率、低成本为爱好建立、积累品牌资产。

3）翻新全线产品包装，规划包装信息层级，提高包装在货架上被发现、被拿起的转化率，提升代理商、业务员理货的效率。包装设计影响定价权，笔芯包装设计更是为爱好获得定价权。

4）开发不脏卷考试笔、轻松小熊、办公笔等多系列产品。不脏卷考试笔成为爱好考试系列拳头产品，上市三年就占据爱好考试系列产品27%的销售额。轻松小熊、名侦探柯南等联名系列产品更是打开爱好IP联名新局面，更好地帮助爱好获取流量、开拓精品渠道。

5）设计门头形象、货柜形象，通过打出门店改善、终端物料、陈列道具开发、代理商大会、订货会改善等一套组合拳，提升爱好渠道信心、门店销售力。

华与华通过这五大关键动作，助力爱好打破行业困境，提升渠道士气。在原本强大的生产制造能力之上，建立起品牌资产，制造、营销双轮驱动爱好加速发展，在疫情冲击之下，销售额依旧实现同比增长13.91%（数据截至2021年12月）！

从"制造驱动营销"走向"营销引领制造"，爱好文具案例是华与华"包装设计＋产品开发＋企业战略＋品牌营销"一体化服务赋能传统制造型企业的代表案例。

第一章

创意服务于品牌价值观，符号降低品牌传播成本

品牌就是产品的牌子，是一个名字、一个符号。品牌存在的意义，是降低社会的监督成本、企业的营销传播成本、顾客的选择成本。爱好的品牌名是个低成本的名字，但爱好原有的logo却很难记住，也很难向人描述，5个大写字母的长度也很长。

▲　爱好文具原logo

华与华说所有的传播都是符号的编码和解码。拼音字母本质是英文，作为他国文字，很多人不认识，也描述不出来；而到了以英语为母语的国家，由于是拼音，也无法被理解，所以这是个编码与解码成本极高、效率极低的符号。而在产品包装、门头上，长长的英文挤压

了中文的空间，使得中文的"爱好文具"或者"爱好"非常小。这大大降低了爱好品牌在终端被看见、被记住的可能性。

▲　爱好文具原门头

　　爱好文具的业务不仅有内贸，还有外贸，为爱好寻找一个全球都认识、好识别、好记忆的符号，成为项目组创意工作的起点。这项工作的起手式就是寻找文化母体。

1. 发挥品牌戏剧性，创意超级符号

　　文化母体从哪里来？首先从品牌名字中寻找，发挥品牌与生俱来的戏剧性。爱好，就是"爱"和"好"，"爱"的符号不思而得就是一颗爱心。爱心是人人都认识、人人都喜欢的符号，无论是在国内还是在国外，全世界人民对于爱心的描述都是统一的。

爱好主营业务是学生文具，我们在学生最熟悉的符号中，找到了表达"好"的符号——考卷上的对钩符号，这也是全世界都认识的公共符号。

找到这两个公共符号后，一个全球范围内人人都认识、都能记住、可描述、可注册的超级符号诞生了。华与华将爱好的超级符号——爱好之心，装上门头、印上包装、印上服装，放置在一切能够被消费者看到的地方，为爱好积累品牌资产，传播爱好品牌。

街道就是货架，门店就是产品。大大的红心，在街道上一下就抓住了消费者的眼球，提升了爱好门店的发现感！

2. 放大企业家的初心，创意品牌谚语

在首季度企业寻宝的过程中，爱好张总曾谈起过爱好品牌名的来源。"爱好"这个名字，是张总的父亲起的，张总的父亲认为爱就是好。

这正是企业家的一片赤子之心和创立品牌的初心！满怀对孩子们的爱，用好原料、好设备、好工艺，用心做好每一款产品，这就是爱好，爱就是好，这也是爱好二十多年来始终如一的经营理念。

放大企业家的初心，发挥品牌与生俱来的戏剧性和价值感，项目组为爱好创意了"爱好文具，爱就是好"的品牌谚语。当爱好说出这句话的时候，人们是没有任何心理防线的，天然地就会觉得亲近、信赖。没有防备，就能降低品牌的传播成本。

第二章

包装设计提供信息服务，
提升产品议价能力

　　随着越来越多的中性笔把零售价打到1～1.5元，零售价在0.5～1元左右的笔芯需求量开始逐渐下降，整个行业的笔芯销量都在下滑。

　　为了提升笔芯销量，爱好曾经尝试过以降价换取销量，但爱好当时大部分的笔芯都没有明确的购买理由，处在0.5元左右的价格区间。文具店卖的价格不高，哪怕降价后利润空间依旧不足，推爱好笔芯的意愿也就降低了，降价并没有换来笔芯销量的提升，反而有所下滑。

　　爱好和华与华合作后，推出了全新的1元笔芯系列产品，零售价从0.5元涨到了1元，不仅爱好的利润增加了，代理商、文具店各环节的利润都比过去增加了，而且短短三年内，1元笔芯系列产品达到爱好笔芯品类销售额的28%，真正实现了量利齐飞！让我们来看看这笔芯系列是如何诞生的！

动作一：包装设计获得货架陈列优势

包装是品牌最大的自媒体，包装设计的工作要基于"三现两原"主义——现场、现物、现实，原理、原则。包装的现场，是销售现场，即货架前。包装设计是为了把货架上的产品卖出去。

包装在琳琅满目的货架上，要能被发现、被拿起，能迅速打动购买者，最好做到让消费者1秒就看到，3秒被打动。而要获得陈列优势，就要用购买理由进行包装设计，让包装会说话，放上货架就开卖，自己把自己卖出去。

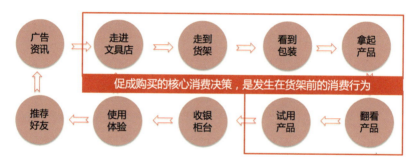

*消费者四个角色：受众、购买者、体验者、传播者

项目组成员蹲在门店观察消费者如何购买笔芯产品时发现：学生们进店买笔芯，不是找哪个品牌，也不是看哪个卡通图形好看，而是走到货架前，迷茫地看着花花绿绿的笔芯货架，视线环顾几圈后，最终开口问老板——"有没有黑色0.5mm子弹头的笔芯？"

而当老板走到笔芯货架前时，也是看了几秒后才找到一根黑色0.5mm子弹头的笔芯。这一切的背后，都是因为包装上设计的标志太小！

以笔芯为例，消费者购买决策第一逻辑为：
笔芯粗细、颜色、笔头类型。

复盘西安市场走访中，消费者买笔芯的现实动作：

进店——走到货架前——迷茫无从下手——问老板"黑色0.5mm子弹头的笔芯在哪里？"
——老板过来推荐——拿起竞品的笔芯给消费者——购买该笔芯

购买笔芯一般看是0.5mm还是0.38mm，然后我比较喜欢用子弹头的，还有什么颜色，不
看是什么牌子的。

——西安市场走访 消费者原话

▲　真实货架环境

华与华为爱好翻新笔芯包装，将消费者购买决策第一逻辑的笔芯粗细、颜色、笔头类型，在包装正面放到足够大、足够醒目。通过大色块来区分油墨颜色；大大的"0.5mm""0.38mm""子弹头""全针管"的信息，让消费者1秒就能做出选择；最后我们还把产品包装加宽了50%。

包装面积变大，在终端的陈列面积也变大，赢得排面优势，增加被消费者看到的可能性。

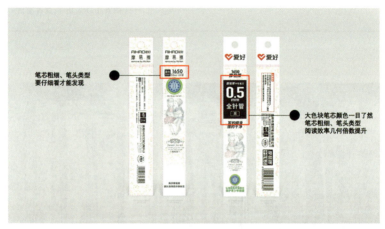

放大字体、醒目标志，这不仅是设计的意识，更是管理的意识、服务的意识，为消费者提供信息服务，为店员提供管理服务。让消费者购买的时候能方便快速地找到自己需要的产品，让店员在理货、推荐的时候能快速拿到对应的产品，这背后是对人的关心，是爱。

动作二：为新款笔芯产品找到购买理由，创造价值点

消费者买的不仅是品牌，最关键的还是产品。

项目组洞察到学生对于速干是有需求的，尤其是在考试的时候，不想笔墨弄脏考卷。项目组由此提炼出了"1秒速干"这样一个能够让消费者明确感知的购买理由。当速干的笔芯和不速干的笔芯同时出现时，大部分消费者都会为速干笔芯买单。

在提出"1秒速干"的价值前，爱好还没有类似的产品。爱好通过强大的研发能力，成功进行油墨速干技术革新，确保油墨1秒速干，这样就形成了差异化的价值。与此同时，学生每天都有大量的作业需求，很快就会写完一支笔芯，为了减少学生更换笔芯的频率，为学生们减少麻烦，爱好将笔芯容量增大。

和市面上简单写着"大容量"的笔芯不同，爱好的笔芯直接将容量定为"加量50%"，让消费者直观感受到产品价值，加量50%等于多了半支笔芯！有了这样明确的价值，消费者愿意多支付一半的钱，来购买爱好的笔芯。

　　华与华通过把握消费现状、洞察消费需求，对笔芯产品进行差异化的设计，创造产品价值，并通过包装设计放大产品价值，以此使得产品获得额外的加价空间，真正让参与的各方都获取更高额的利润，让消费者高效率、低成本地买到高品质、价格实惠的产品，真正实现了多方共赢。

第三章

围绕购买理由的产品开发，打造长效爆品

在和爱好文具合作的第二季度，华与华接到了一项任务：为新研发的考试笔做一套推广方案。

文具市场，几乎每个品牌都有考试笔，甚至各个品牌每年都会推出几十款考试系列的产品，市场竞争异常激烈。如何让爱好全新的考试笔系列产品一炮而红，上市就火爆还能持续畅销呢？

基于"所有的事都是一件事"的思维方式，华与华认为解决问题的关键在于——必须赋予爱好考试笔能够快速突破消费者心理防线、打动消费者的购买理由。

华与华要做的不是一个考试笔推广方案，而是把产品开发策略、包装设计、广告创意放在一个系统里一起思考、一次成型，即爱好新考试笔开发方案。

找到爱好考试笔的"寄生"场景
保持卷面整洁

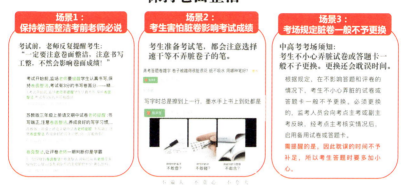

场景1：
保持卷面整洁考前老师必说

考试前，老师反复提醒考生："一定要注意卷面整洁，注意书写工整，不然会影响卷面成绩！"

场景2：
考生害怕脏卷影响考试成绩

考生准备考试笔，都会注意选择速干等不弄脏卷子的笔。

场景3：
考场规定脏卷一般不予更换

中高考考场须知：
考生不小心弄脏试卷或答题卡一般不予更换。更换还会耽误时间。

根据规定，在不影响答题和评卷的情况下，考生不小心弄脏的试卷或答题卡一般不予更换。必须更换的，监考人员会向考点主考或副主考反映，经考点主考核实情况后，启用备用试卷或答题卡。

需提醒的是，因此耽误的时间不予补足，所以考生答题时要多加小心。

产品开发第一步：寄生消费场景，挖掘购买理由

产品的本质是购买理由，产品开发的本质就是创意购买理由。项目组找到了一个强大的母体，考试前一定会发生的场景——老师叮嘱班里的同学："一定要注意保持卷面整洁，不会做也要保持字迹清晰、卷面整洁，可以提高卷面分。"

"不要弄脏考卷"是老师的指令，烙印在学生的脑海里。特别是在高考中，弄脏考卷、答题卡一般不予更换；即使最终换一张新的，重新填写也浪费宝贵的时间。"不要弄脏考卷"是高考规则的要求，每个学生都会遵守。

"不脏卷"就是能够突破消费者心理防线的超级词语，就是项目组要找的能够直接打动消费者的购买理由！

产品开发第二步：围绕购买理由进行产品命名

命名即召唤，把产品的价值召唤出来，把购买理由召唤出来。如果你能把价值写进名字里，就不要把它放在口号上；如果能把价值写进名字里，就不要怕名字长。

项目组将购买理由"不脏卷"直接嵌入产品名称，创意了"爱好不脏卷考试笔"。直接用一个长名字，降低品牌传播成本，将品牌、产品类别、购买理由、使用体验，全包含在8个字里。

产品开发第三步：包装设计放大购买理由，获得陈列优势

包装设计除了解决产品被发现的问题，还要解决被理解的问题。爱好不脏卷考试笔包装上每个设计的信息都在发出刺激信号，刺激消费者购买，大大的"怕脏卷，用爱好"向消费者发出购买邀请。

右上角的"考试专用"进一步强调品类，提高消费者的选择效率。

卡通形象以对话的形式说出"老师再也不用担心我弄脏考卷了",唤醒消费者脑海中的使用场景。

围绕不脏卷的购买理由,进一步提供四点产品科学:1秒速干、不洇纸、不断墨、不漏墨,进一步打动购买者。

提供每一款不同型号笔芯独特的卖点——"内置弹簧，书写缓压""全针管"等。

从口号到每一个具体的卖点，一个包装就能完成一次完整的进攻，让消费者"坐上滑滑梯，滑向收银机"。

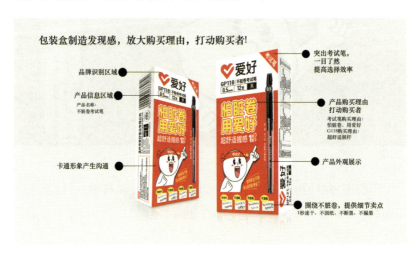

产品开发第四步：产品技术升级，实现购买理由

　　爱好原有考试笔产品，不符合"不脏卷"的产品特性。因此，项目组围绕"不脏卷"的购买理由，总结出市面上消费者认为好用的考试笔的几大特性，以此提出考试笔技术升级的三大要求：

　　1）确保爱好不脏卷考试笔速干、耐水性的研发生产；

　　2）确保爱好不脏卷考试笔顺滑书写的研发生产；

　　3）提升爱好墨水浓郁度、显色度。

　　爱好文具以强大的技术研发与生产工艺，最终实现爱好不脏卷考试笔1秒速干、好写顺滑、不洇纸、不漏墨、不断墨的产品性能，为消费者提供了一款不怕弄脏考卷的考试笔。

产品开发第五步：固定一个有翼飞翔的营销口号

考试本身就是人类生活中循环往复发生的母体，一到每年的考试季，无论是期中考、月考、中考、高考，都会在网上掀起一阵话题讨论。考试自带话题和流量，考试这个母体必将循环往复地发生，母体一旦循环至此，考试系列产品的购买行为必将发生。

华与华要做的就是把爱好文具寄生到考试的母体中去，获得母体的原力，将考试与爱好联系起来，成为人们考试时的第一联想，第一选择的品牌和道具。每当考试季来临，大家就会想起爱好、购买爱好。所以华与华为爱好考试系列产品创意了一个传播口号，年年可以用，重复积累品牌资产，打动顾客购买。

爱好考试系列产品的话语从哪儿来？它就寄生在考生最希望听到

的话语里！每个考生最希望的一定是取得好成绩。我们在微博上搜索考试的关键词，就会出现大量的考生祈祷能够考试考得好点的话题。除此之外，老师也给学生送去祝愿他们考好的祝福。

因此，爱好年年都可以用的考试季活动口号就应运而生了——"考得好，用爱好！"

首先，"考得好"是对母体中的学生说话，一句好彩头、吉祥话能一下突破他们的心理防线。其次，"用爱好"，是一句行动语，直接下达要用爱好的行动指令。此外，这句话押韵、好记、易于传播，年复一年地在考试季使用，还能积累爱好的品牌资产。并且，这句话还是一句超级句式，能推销各种系列的考试产品。考得好，用爱好不脏卷考试笔！考得好，用爱好榜上有名考试笔！

　　合作四年来，华与华为爱好成功开发了不脏卷考试笔系列产品、办公系列中性笔等长销产品，爱好联名轻松小熊、名侦探柯南两大IP开发的产品，成为爱好IP系列的拳头产品。

　　轻松小熊系列产品推出第一年不仅热销超千万，还帮助爱好成功进入西西弗书店等高端渠道；名侦探柯南系列产品上市就大爆，席卷全国中小学校周边店，四个月铺货6000多家终端，热销千万！

第四章

重新设计选择逻辑，
全面提升订货会订货效率

订货会对于文具企业非常重要，集中式、大批量订货是保障全年销量的关键环节，也是增强代理商与公司感情交流、加强合作关系的重要途径。对于代理商、文具店老板而言，订货会能够更直观地看产品、了解产品，一次性选购新品、补货也能获得更大的优惠政策。订货会还是各个代理商、文具店老板相互学习的重要场合。

一年两次学汛，爱好在全国至少要开800场订货会，提升订货会的销量至关重要。

销量从哪里来？从顾客消费旅程的每一个动作中"转化"而来！项目组观察了多场订货会后，总结出了代理商在订货会的消费旅程。其中，代理商拿到订货单、进入订货现场、走到货架前、看到包装、拿起产品、试用产品、填写订货单，是促成下单最核心的环节。

项目组要做的就是围绕并提供"三个购买"，即购买理由、购买指令、购买指南，来改善代理商从拿到订货单到结束订货过程中的每一步，提升购买效率，降低沟通决策成本，最终实现销量的提升。

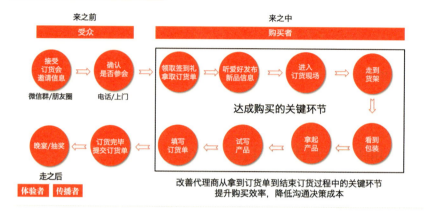

1. 像设计单页一样设计订货单，机关算尽，充分发挥订货单的广告效用

爱好订货单现状复盘：
- 主推系列单独/突出展示，其他产品按照品类划分
- 罗列产品、客户、返利优惠、预定目标量和实际订货量等基本信息
- 主要作用是让客户填写订货信息，方便爱好和代理商互相确认产品内容、件数和金额

订货单是代理商在整个购物旅程中接触最紧密的物料，也是帮助代理商实现购买的核心物料。项目组要通过重新设计订货单，提升代理商在订货过程中的购买效率。

爱好以往的订货单内容主要是罗列产品、客户、返利优惠、预定目标量和实际订货量等基本信息，主要作用是让客户填写订货信息，方便爱好和代理商互相确认产品内容、件数和金额。

2. 华与华改善订货单的三大原则

1）放大购买理由

产品的本质是购买理由，订货单设计就是放大产品的购买理由。订货单要让代理商不仅能看到产品的信息，还能了解这款产品的卖点，加速购买决策。

2）设计代理商的选择逻辑

在订货单中突出重点产品区域，让代理商在勾选产品时先看到重点产品，设计代理商选择逻辑的同时体现爱好的销售意志。

3）设计代理商的阅读顺序、阅读速度

先看到什么？再看到什么？哪些是重点信息？哪些是次级信息？通过版式设计，设计代理商的阅读顺序，让代理商快速读完我们希望他阅读的信息。

以轻松小熊系列的订货单为例：

第一层，客户基本信息区。方便快速填写客户信息。

第二层，返利信息区。增加"订的越多，返利越多"的标题信息，直接下达购买指令，并说明具体返利政策，通过字体设计突出重点信息"额外返利N%"，让代理商在阅读时能一下抓住重点，清楚

优惠政策。

第三层，会场产品分区。项目组将订货会现场进行了区域划分，订货单分区与现场产品分区信息一致，比如要看轻松小熊系列的产品，看到订货单上是A区，只要抬头跟着指示走到A区就能马上找到轻松小熊系列产品，代理商再也不用到处问业务员、到处找产品，更方便代理商订货。

第四层，产品系列区域。清晰地告诉代理商这张订货单是什么系列/分类的产品，并且用一句话陈述该系列产品的购买理由，引起代理商的兴趣。

第五层，重点产品区域。设计代理商订购逻辑，将重点产品单独划分为一个区域，让代理商能够先看到重点产品，帮助代理商快速挑选到当季主推或热卖的产品。

第六层，产品信息区域。在新品订货单上新增"建议批发价"，为代理商提供定价指导服务，帮助代理商做生意。

第七层，产品购买理由区域。放大产品购买理由，如某款产品

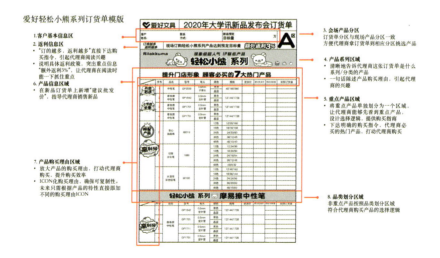

是畅销爆品，新开店都会进货，就在该产品旁放上"新开店必备"的ICON；如比较推荐小学店进某款产品，就在旁边放上"小学店必备"的ICON。通过ICON的形式为代理商提供订货指南，更好地帮助代理商选购适合自己门店的产品。

第八层，品类划分区域。非重点产品按照品类划分区域，符合代理商购买产品的选择逻辑。

购买是一种决策，营销是一种服务。要为消费者提供导购服务和决策咨询，降低消费者的选择成本，降低他的决策风险。通过改善订货单，将订货单的职能从传统的记录订货信息，变为为代理商提供信息服务，帮助代理商更高效率、更低成本地挑选适销对路的产品，这也是在帮助代理商降低门店经营风险。这正是华与华强调的营销服务观，诚意正心服务顾客，货真价实，超值服务。

改善前

改善后

除了订货单的改善，项目组还为订货会优化产品分区，并通过物料放大分区信息，帮助代理商更快找到产品。

　　优化货架陈列，还原产品在门店实际的陈列效果，让代理商对产品进入门店后，陈列在货架上的效果一目了然，同时指导代理商如何进行产品陈列。

　　另外，打造产品推荐榜，如小学店必备销量前10名的产品、中学店必备销量前10名的产品。这也是华与华的菜单思维，让代理商跟着

榜单订货，款款都畅销！

华与华通过一系列的改善动作，更好地为代理商订货提供信息服务和决策咨询，最终助力爱好订货会销量提升！

华与华产品开发路线图

华与华方法讲研发的认识论，要先有营销，后有产品。研是科学研究，是技术问题；发是产品开发，是营销问题。

后工序决定前工序，产品开发要从消费现场开始往后倒推。

产品的本质是购买理由，开发产品就是创意购买理由。购买理由就是一句话，甚至一个词。产品开发，就是你提出一个购买理由，然后用一个产品去实现它；或者说，你提出一个词语，然后用一个产品实现它。先有词语，后有产品。先有营销，后有产品。

设计产品，就是设计消费者的选择逻辑。

设计产品是为了让人购买。购买是一个选择行为。产品设计就是设计一道选择题，设计一个选择的逻辑，能够让购买者以最快的速度进入逻辑，从而赢得消费者的选择。

产品开发、包装设计、广告创意在华与华是一个系统，同时完成，一次成型。

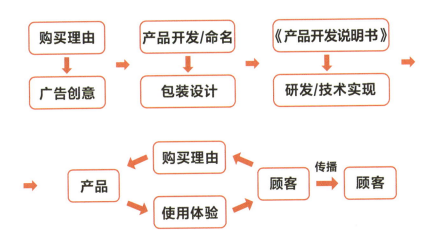

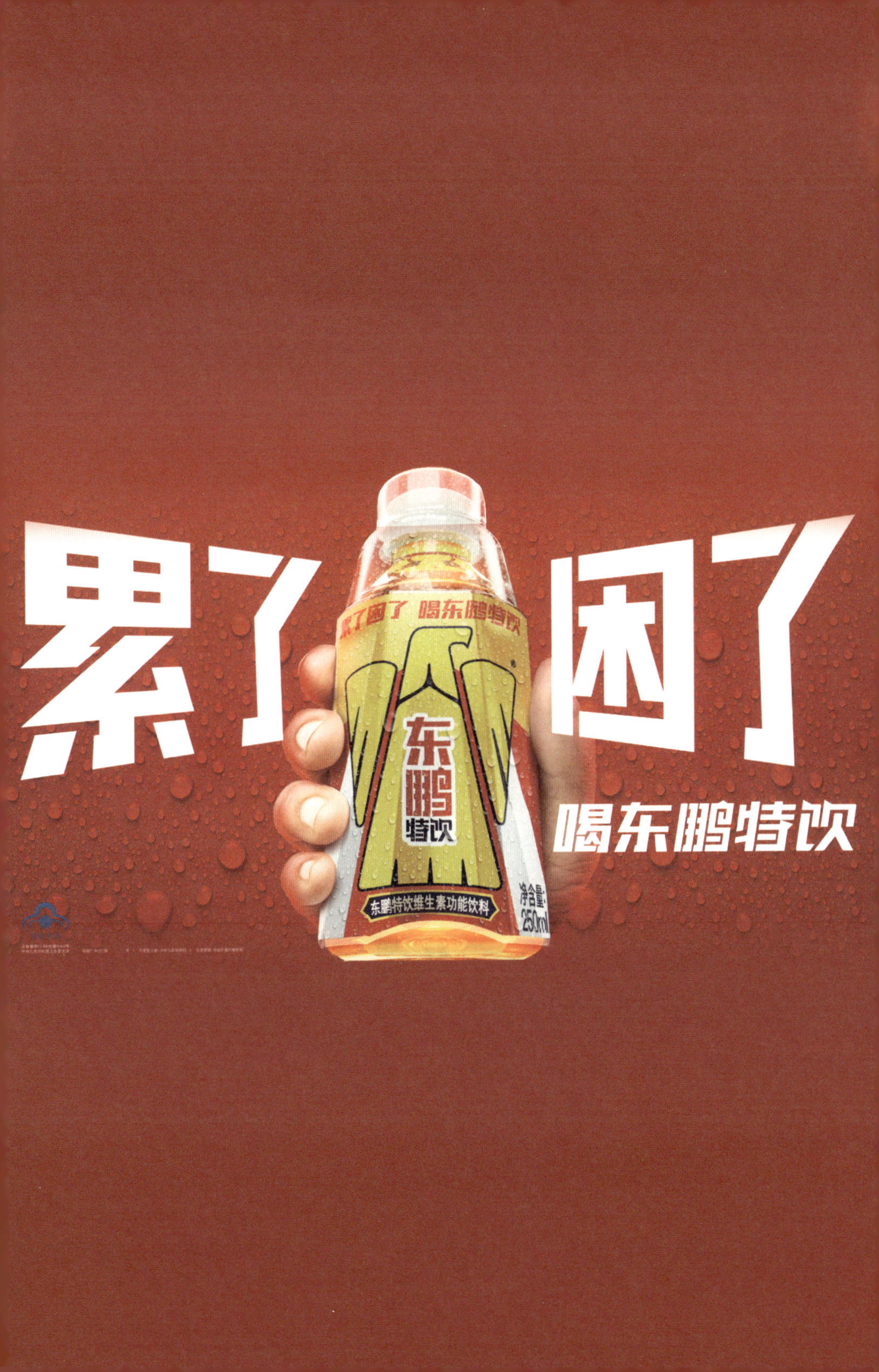
累了 困了
喝东鹏特饮
累了困了 喝东鹏特饮
东鹏特饮
东鹏特饮维生素功能饮料
净含量:250ml

华与华超级符号案例
点评语

华 杉
华与华营销咨询有限公司创始人

品牌营销的思想就是心理学的两条线，一是从弗洛伊德到潜意识，到品牌原型，然后到华与华超级符号。二是巴甫洛夫认为的"人类的行为都是刺激反射行为，刺激信号的能量越大，反射就越强"，最后到华生，形成行为主义。行为主义就是说，只观察刺激信号和行为反射的对应关系，然后进行统计分析，发展到今天就是大数据营销。

华与华方法就是结合了这两点，创立了行为主义符号学。在此我们特别强调的一个词叫"信号"，所以我们超级符号的英文译名叫作super signs。其实最开始我们讨论了很长时间，是用super symbol还是用super signs？因为symbol更倾向于象征原型，而信号就更加客观一些。

那么我们对包装的设计、pop的设计、店面的设计、广告的设计，都是对信号系统的设计，所以超级符号的设计方法完全取代了VIS系统。因为VIS是以识别为出发点的，而我们的一切是以行为反射为出发点的，整个体系是不一样的。东鹏的案例，就充分体现了我们对信号系统的设计。

东鹏饮料

华与华行为主义符号学，几何级放大品牌信号能量

华与华是一家学院派公司，一定是学术的高地，学术的圣地。这就要求我们所有的案例一定要在学术高度上能体现出华与华的水平。东鹏饮料的案例是华与华在饮料行业运用行为主义符号学学术理论，几何级放大品牌信号能量，实现品牌高效率零损耗传播的代表案例。

引 言

问大家一个问题：

大家知道，一个普通广告有多少概率能被消费者接收到并记住？

告诉大家一个残酷的数据：

不到10%，90%以上是被遗忘的。

德国心理学家艾宾浩斯在1885年提出了著名的遗忘曲线理论。他使用了字母组合让人记忆，20分钟后发现，42%被遗忘掉，1天后呢，74%被遗忘掉。大家看到，这还是刻意记忆的结果。

如果画出一条品牌的遗忘曲线，是不是递减得更加多？如何对抗人的遗忘，让品牌能被消费者接收到、记住，降低品牌传播损耗，是提升品牌信号能量的核心课题。

东鹏饮料在20世纪90年代还只是一家地方饮料企业。

2003年企业改制，东鹏林木勤董事长全面接手东鹏企业。经过十几年打拼，将一个濒临倒闭的企业打造成A股主板上市的明星企业，而成功的关键离不开林董在营销和广告上的重视和压倒性投入。可能很多人都看过当年谢霆锋代言的东鹏特饮广告，也在各大综艺、电视剧、户外广告上看到过东鹏特饮的身影。而每年花费上亿、铺天盖地的广告背后，如果没有被消费者接收到、记住，是不是巨大的浪费？

东鹏要面对的、对抗的，其实就是消费者的遗忘。如何提升品牌的传播效果，如何降低品牌传播中信号能量的损耗，就是其要解决的问题。

华与华说："一切传播都是符号的编码和解码。"传播是进行符号的编码，再给接收者解码的过程。我们所做的一切努力就是要将品牌价值信息，以最小的传播成本实现最大的传播效果，解决编码和解码过程中信息损耗的问题。

我们研究所有的传播，都是基于损耗。

当品牌释放一个"1"的信号，消费者是不是可能只接受了"0.1"。如果我们传出去"1"，他就能得到"1"，不忘记，将线拉成一条直线，是不是最理想的状态？我们还不是这样想的。华与华追求的不仅是让品牌零损耗传播，而且要让我们传达出的"1"，让受众接收到"10"甚至是"100"的播传效果。不仅不让这个品牌的遗忘曲线降下去，还要让它飞起来。

华与华认为，解决这种卡脖子的难题，就要从应用科学深入到基础科学。解决传播的问题，既不能从传播学上解决，也不能从广告学上解决，而是要从心理学上解决，因为所有的广告学理论都是来自心理学。现在所有的传播营销理论都可以归结为心理学的两条线：第一条是从弗洛伊德开始的精神分析心理学；第二条就是从巴甫洛夫到华生的行为主义心理学。这两条心理学的线华与华都在用，并且最后交会形成了华与华超级符号的行为主义符号学。

项目组为东鹏确立了"品牌零损耗传播"的课题，并基于此，运用华与华行为主义符号学重新构建了东鹏的所有传播流程，实现东鹏特饮信号能量的几何级放大，而这也是快消行业建立品牌的核心。

第一章

品牌谚语要形成播传效果

1. 聚焦品牌谚语，让消费者主动传播

我们和东鹏的故事，就要从华板得到的课程开始。怎么回事呢？华板在"得到"讲课时就举了个案例，说："红牛舍弃'困了累了，喝红牛'这个广告语之后，有个企业把它捡起来了，叫'累了困了，喝东鹏特饮'，现在一年销售额达到40个亿。"

东鹏的蒋薇薇女士——蒋总听了这个课，就找到了我们。来了还纠正了华板，说："华板，纠正您一下，我们不是卖了40亿，是50亿哦。"

大家知道，这句广告语也给东鹏带来了很大的成功。在2015年的时候，东鹏因为"品牌年轻化"又加了一句话："年轻就要醒着拼"。但在后来的实际运用中，"累了困了，喝东鹏特饮"与"年轻就要醒着拼"这两句话的并存，导致传播注意力的分散。于是从2018年开始，东鹏取舍之后逐渐聚焦于"累了困了，喝东鹏特饮"。我们合作之后，与东鹏达成共识，更加坚定了东鹏要持续投资、放大这句话语。

华与华的播传理论要求所有的话都要"可言说"。因为可以言说，才能被转述；能被转述，才能发挥出人的传播功能。

美国哈佛商学院有研究，人的大脑每天有83%的信息来源于视觉，11%来源于听觉。视觉信息，那是一手信息。听觉信息不加处理就可以转述，所以也叫作二手信息。华与华把二手信息放在比一手信息重要100倍的位置，只要不能形成二手信息的，不能形成"排球的二传手"的，我们一概都不要。

就好比员工在熬夜加班，要是老板跟我说："好好干，你的能量超乎你的想象。"我肯定想：可拉倒吧，我是能量超乎了想象，但您挣的钱也超乎了我的想象啊！可能第二天我就辞职了。所以老板也不会说"年轻就要醒着拼"，但是可以说"累了困了，来瓶东鹏特饮"。这就是一句即使消费者不喝东鹏特饮，也会帮我传播的话。这是很重要的一个分水岭。

2. 超级符号打造超级电视广告

口号坚持下来了，怎样在电视广告里面把这个信号能量放大呢？
那就用华与华的超级符号方法。

超级符号来源于第一条心理学支线。从弗洛伊德提出的意识、潜意识，到荣格的个人潜意识和集体潜意识，再到坎贝尔形成的神话学，华与华就此提出文化母体和超级符号的方法。

而弗洛伊德做出的一个重大贡献，就是提出了关于人的潜意识的解答：人的一切行为，大部分都是受人的潜意识所控制。

荣格说得更加绝对：你的潜意识指引着你的人生，而你却称其为命运。

当潜意识被呈现出来时，命运就被改写了。

我们一起做一个心理学实验来体会一下：

大家看图，尝试以最快的速度分别把这两组的4个字的颜色念出来，看看能有多快？

是不是大家念上面那组会更快？因为那些颜色的潜意识早就形成了。如第一个词"红色"，在潜意识当中，红色这个颜色和"红"字已经紧紧地拴在了一起，这就打造了一个记忆的快捷方式。

所以在东鹏广告片中，我们找到"累了困了，喝东鹏特饮"这句话，在潜意识中的文化母体上寄生，打造品牌记忆的快捷方式。

于是我们找到了一首全世界人民都会唱的歌曲——*Ole, Ole, Ole*（*We Are The Champions*）。这首歌风靡世界，至今已经有35年的历史，可以说是一个全世界人民都知道的文化母体。华与华围绕广告语"累了困了，喝东鹏特饮"，将歌词改编成"我累我累我累"，与原曲歌词"ole ole ole"形成巧妙的融合，实现品牌寄生。

一听这首歌，让观众不困都跟着困了。我们不仅要让他困，更要调动起关于这首歌的一切记忆。微博上有个朋友这么说："CCTV5中场休息东鹏特饮广告里面唱的歌儿太应景了，'我累我累我累'！国足球迷太累了。"

更关键的是什么呢？这首歌带给东鹏一个永久的品牌储蓄罐。只要足球还在，只要人还会累、会困，这首歌就永远都会发挥作用。超级符号激发了消费者的潜意识，实现了品牌原力的觉醒。

还有哪些资源可以利用，可以继续放大东鹏的信号能量？

第二章

元媒体开发：
塑造品牌信号箱，刺激消费者的行为反射

传播营销心理学的第二条线，是从巴甫洛夫到华生的行为主义心理学。

其实总结整个心理学的格局，可以分为两大块：一块叫心智派，另一块叫反心智派。心智派的代表就是弗洛伊德，他言必称心智。但巴甫洛夫是苏联的唯物主义者，他就反对弗洛伊德，说他的观点不能证伪，没有证据，没有数据，也没有实验，不能够证明心智的真实性和可靠性。

而行为主义的心理学家，致力于将心理学纳入真正科学的轨道，并用实验来证明它。行为主义上的巅峰实验，是新行为主义的奠基人斯金纳的实验。他做了一个装置，里面有个按钮，按一下就会出现食物。然后把一个很饥饿的小白鼠放进去，这个小白鼠就会自发地学习一种全新的行为，即自己按这个按钮吃食物。后来，他又做了一种全新的实验，把这个按钮变成一个随机性地掉落食物的设置，可能按一下有食物，也可能按100下，食物都不掉下来。小白鼠便像染上了毒

瘾一样，疯狂地去按这个按钮。

这说明什么？小白鼠的行为可以被这个信号箱所影响，接收到不同的刺激信号，反射行为也会发生变化。而人的行为也会受到信号的控制，根据这样的理论创造出来的最典型的产品，就是手机。

其实，每一个媒体本身就是一个信号箱，而信号箱所笼罩的消费环境，只要消费者进入，就能刺激他的行为反射。

所以，华与华以此得出两大原理：第一，人的一切行为都是刺激反射行为；第二，刺激信号的能量越强，则行为反射越大。所有的传播都是释放出一个刺激信号，谋求顾客的一个行动反射。广告就是发信号，信号越强越有效。

在东鹏案例中，我们就要打造品牌信号箱，来谋求消费者的行为反射。

怎么做呢？开发媒介和放大信号。

1. 超级品牌主画面，谋求超级刺激信号能量

首先，我们把东鹏特饮信号箱的信号放大。

信号是什么呢？就是我们的主画面。以高炮广告为例，大家知道我们开车行驶在高速上，广告能被看到的时间有多少吗？不到1秒。

我们就是要在不到1秒的时间内，让东鹏特饮的高炮信号在和周围的环境竞争中脱颖而出，发动消费者的行为反射。

第一级放大：产品占C位，品牌第一位

将产品包装置于画面中心上下撑满放到最大，并用一只手从背后握住，以略仰视的角度用产品创造视觉冲击力，增加画面的力量感，

让消费者远远就能看到一瓶超大的东鹏特饮从画面中呼之欲出。

第二级放大：透视排版法，强化视觉力

用大大的"累了""困了"把画面左右两侧填满，用透视角度将"累了""困了"在有限的空间里放到最大。

这样的透视手法，不仅能够将字体放到最大，而且能形成一种强制的视觉陈列效果，让人看到文字的同时又把注意力转向画面中心的产品上。

最后，在右下角放上行动指令"喝东鹏特饮"，下达消费者的行动指令。

第三级放大：饮料加水珠，食欲再放大

不仅要在视觉效果上，在产品的食欲感上也要放大。在产品的瓶身上增加水珠，放大东鹏特饮带来的清爽和解渴感。

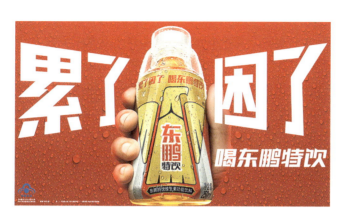

华与华超级放大术就是通过独特的几何排版结构把东鹏刺激信号放大，形成视觉冲击强烈的画面，给消费者最强的刺激反射。刺激反射越强，产品卖得就越多。当司机在高速公路好好开着车，那么大的"累了困了"字样扑面而来的时候累不累？就算司机不累，坐在副驾驶的老婆也会觉得累了，赶紧去加油站买瓶东鹏特饮再出发。

▲　东鹏特饮广告主画面前后对比

而这张发射极致信号的超级画面，统领了品牌所有的传播工程：全国700块广告牌、2377台公交、500个候车厅、12个地铁包站。这些

149

媒体加在一起，就形成了品牌信号箱，将信号箱笼罩在整个消费环境中，刺激消费者的购买行为。

不过当时也有人认为：哎呀，是不是太大了？华板当时就说了四个字：破心中贼。什么贼呢？就是一种以商为耻的文化缺陷。古代说士农工商，本质上就瞧不起商人。心理上这种不要太大、不要太low、不要太土的想法，其实都是心理的潜意识在作祟。

我们要利用潜意识，也要摆脱潜意识对自己的束缚，这样才能够成为一个内心自由的人。所以很多问题看似是品牌营销的问题，实际上都是心理问题。

▲　高炮广告

▲ 　地铁包站广告

2. 元媒体开发，放大品牌信号

　　信号箱的信号放大了，我们就要看能不能开发更多的媒体，塑造更多的品牌信号箱出来。

华与华传播模型
（2022）

营销传播的传统理论，一头是商品，一头是人，中间是媒体，商品通过媒体将信号传递给人。

在华与华方法的传播模型中，媒介分为"元媒体"和"延伸媒体"。

延伸媒体是我们需要花钱购买才能使用的媒体，不管是线上还是线下，是户内还是户外，比如电视、网络、机场广告牌等。

而我们认为商品和人，本身也是媒体！这些本身不花钱的媒体，华与华称之为元媒体。

我们不仅要让那些高炮广告发信号，更要让我们的每一个商品、每一个员工和消费者都来发信号，让我们的品牌信号箱无处不在。

东鹏最大的元媒体是什么呢？就是产品包装。东鹏董事长林董有个习惯，每次开车经过高速公路服务区时，他都会走到垃圾桶边看一看，其中有多少空饮料瓶是自家的产品，以此观察自家产品卖得好不好。所以说，包装就是100%和消费者接触的元媒体。

▲ 东鹏饮料原包装

而我们开发产品包装这一元媒体时，在包装关键的两面都放上了我们的话语。东鹏每年流通的产品就有30亿瓶，每一个产品多发送2次信号，这样是不是就多了60多亿次的信号发射。而且大家看，网上消费者拍照再传播，是不是每张照片也成为品牌信号的发射器。

可以说，元媒体的传播力量比任何电视或平面媒体都强大。

▲　华与华改造前　　　　　　　　　▲　华与华改造后

那么，让话语传播之后，怎么让这句话也在广告当中发挥更大的信号能量？

3. 独特割箱陈列设计，建立终端陈列台

把元媒体功能开发、运用到极致的第二个案例，就是我们给东鹏做的独特运输箱设计。

如果是普通的运输箱，它就是一个瓦楞纸。我们开发它的媒体功能，把运输箱当广告位，这样很多小店堆货码货的地方就变成了我们的品牌形象墙。同时我们进一步开发它的元媒体功能，把运输箱变成

了一个割箱，只要拿刀片一划一推，就能成为一个超级陈列堆头，又多出了一个陈列的功能。

从普通产品外箱到广告位再到陈列堆头，是不是也把这个外箱的能量信号实现了从0到1，甚至到10的放大提升？

以上就是我们在整个东鹏特饮传播链条中进行信号放大的过程。东鹏特饮成功之后，我们再把放大术应用到其他新品开发的工作上，进一步扩大战果。

第三章

开发银边产品，释放边际效益

当时东鹏跟我们开会，说要开发一款加汽的能量饮料，同时也要采用355ml的细长铝罐，来补足东鹏特饮规格和价格带来的空缺。

我们首先创意了产品的命名"东鹏加气"和"东鹏加气，加油打气"的产品话语。但在开始设计包装时，又遇到一个核心难题。

铝罐包装有个天然的缺陷，就是只有一个正面，而这样在终端是非常吃亏的。一旦没放好，就只有背面朝着消费者。

我们调研了很多品牌包装，发现大家都在尝试增加正面的空间。可口可乐只能放一面，百事logo比较小，做了两面，七喜做了一面半。

那我们怎样解决包装问题，从而提升新品的信号能量？

还是"现场有神明"，我们发现罐体底部是会被货架遮挡住的消费者盲区。在包装上，我们把一些不重要的信息放到包装的底部，这样就给我们的产品在正面创造了更多的设计空间。

再者，我们将鹏展开，又将翅膀叠加使用，将原先只能放一个正面的罐体产品包装，创造出三个正面来使用，这样的传播效率也放大了3倍。

大家看到，东鹏加気的产品包装，在货架上无论怎么摆都是正面。而且一排产品组合放一起，又形成了更加强势的陈列效果。

　　两年时间，华与华就是通过超级符号的行为主义符号学重新构建了东鹏品牌传播链条，几何级放大品牌信号能量。

　　超级符号是行为主义的符号学，超级符号是品牌传播的一切。

　　有人说，怎么没有给东鹏品牌做一个超级符号？

　　大家看到，超级符号不仅仅是品牌战略，每一个包装设计、每一张单页、每一个广告、每一个产品都是超级符号，在任何地方永远都需要超级符号。

　　广告业曾经站在企业界的思想和技术的塔尖。在广告狂人奥格威的时代，广告是很高大上的，是所有年轻人梦想的圣殿。在90年代，那时候做一套CI需要100多万。现在，好家伙，设计一个标志，50块钱包邮。为什么？因为广告界在思想上整个落后了。

　　所以在2002年的时候，华板说："要建一间中国广告业里程碑式的公司，让广告业重返思想的塔尖。而我们的志向，就是成为整个行业的王者荣耀。"

华与华传播模型

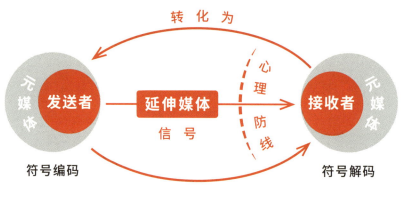

华与华传播模型

　　传播是利用接收者的潜意识，让编码在接收者脑海里完成。也就是说，发送者发送的，并不是最终编码，而是一个"观念爬虫"，挖掘接收者脑海里的数据。媒介并不只是传送媒介，其本身是编码的一部分，有时甚至是更重要的一部分。对接收者的行为反射，我们也并不仅仅满足于他的购买行为，而是首先即刻把他转化为发送者，替我们传播。

　　营销传播的传统理论，基于一个前提——将商品信息通过媒体传递给人。一头是商品，一头是人，中间是媒体。但是，商品和人，本身就是媒体！华与华称之为元媒体。

商品作为元媒体，商品即信息，包装即媒体，要通过创意设计，开发、放大商品的媒体功能。人作为元媒体，关键是发动播传，实现"人传人"。

在商品和人之间的那些需要花钱购买的媒体，华与华称之为延伸媒体。这来自麦克卢汉的话——媒介是人的延伸。

人们一说推广，就在延伸媒体上下功夫，花大价钱投资，却没有对元媒体进行任何规划，这是普遍的问题。对元媒体的无知，是一种重大的理论缺陷。

商品元媒体，对于消费品来说，是包装。麦克卢汉说："媒介即信息。"精辟！华与华加了一句话："包装即媒体。"华与华就是把包装的元媒体功能开发、运用到极致的公司。

七猫免费小说

华与华超级符号案例
点评语

华 杉
华与华营销咨询有限公司创始人

七猫确实非常有代表性，我觉得体现在两点：

首先，就是在超级符号上面有特别突出的表现。七猫的超级符号非常突出，并且让一个两岁的小孩看到也能念出来，其实命名背后也是超级符号的方法。有了一个易识别、易记忆、易传播的超级符号，就能够建立和积累品牌资产。

其次，流量确实是一个重大产业。我讲一个重要的词，叫作流量主权，就是一定要有自己的流量主权。最可怕的是靠流量红利，当流量红利转移的时候，你就什么都没有了。因为平台就跟连锁店一样，总想做一个自有品牌。所以这是我们和渠道的博弈关系，在这个关系里面，并不是说完全不要提买流量，而是要建立自己的流量主权。建立流量主权就涉及要设计流量结构，形成多个流量的源头，有的是来自直接购买，有的来源于广告，还有更重要的，是来源于做什么样的事。就像七猫的作者大会，真正能够愿意去扶持这些作者，为作者付出。

七猫免费小说

把钱花在自己身上，掌握流量主权

随着移动互联网的发展，越来越多的下沉市场用户扩容。2018年，以"用户免费看书，广告商买单，作者有收益"的免费网络小说阅读模式兴起。

同年，七猫免费小说app发布，并通过大规模的线上买量投放，至2019年11月，月活跃用户数已达4000万，用户规模位列数字阅读行业第一梯队。

2020年12月，我国手机网络文学用户规模达4.59亿，占手机网民的46.5%，网络小说阅读市场成为重要的手机互联网流量入口，是互联网巨头的必争之地。

互联网巨头入局，不仅对七猫进行流量封杀，禁止七猫在自有短视频媒体上投广告；同时在内容上也进行打压，和内容商签订竞业协议，指明禁止给七猫供书，并抬价抢购爆款书版权，自有渠道独家发行。一时间，七猫面临着用户被分流、买量成本变高、广告变现盈利降低等全方位的巨大挑战。

从七猫免费小说app案例上，我们可以再一次看到，通过线上买流量，然后用广告或商品进行流量变现的商业模式无法支撑一家企业健康、长久地发展。

那华与华是如何为七猫免费小说app开发流量、经营流量，让七猫掌握自己的流量主权的呢？

引　言

从2019年7月开始，七猫免费小说app和华与华达成合作，经过两年多的时间，七猫免费小说app日活、月活数据增长近3倍，持续保持行业第一梯队优势。

更为难得的是在2021年线上买量费用减少的情况下，七猫免费小说app依然保持了用户规模的增长，并降低了老客户的流量成本。

此外，华与华也帮助七猫获得了五大市场的成功：

1）通过做品牌，在顾客市场积累了3.5亿的用户规模。

2）通过七猫中文网作者大会，巧立名目给作者发奖金，每个月的平均作者注册数增长了780%，吸引了更多优秀的毕业生和同行加入，在人才市场上降低了招人的成本。

3）在资本市场得到百度的战略投资。

4）在政策市场，七猫现在已经是上海文化产业的一张名片，获得"上海文化企业十佳"提名奖和金文旅奖。

5）通过现实题材的征文大赛，不断地为大众市场输出满满的正能量。

七猫以上的成功是买流量得来的吗？当然不是，七猫的成功是通过做平台，提升品牌的知名度得来的。

反观之前，七猫在线上一年的买量就要花几十亿，这么多的钱也没让七猫成为全国的知名品牌。但与华与华合作以来，两年多其实投了才几个亿，却让七猫成了一个全国化的知名品牌。

华与华认为，在渠道买流量是空间流量，而企业的品牌、产品、广告是时间流量，时间流量是把钱花在自己身上，靠时间积累。

项目组为七猫做了四大关键动作，从线上买流量到建品牌、投广告，再到植入热门影视剧和综艺来推爆款书，最后到必读榜，不断地为七猫开发流量、经营流量，形成了渠道、品牌、广告、产品多元化的健康流量，让七猫掌握自己的流量主权。

第一章

超级符号，流量储蓄

超级符号是品牌营销工作的起点，也是终点，一个品牌就是一个符号系统，始于符号也终于符号。

大家都知道一个品牌一定要有知名度，因为它有名，消费者会觉得它比较有保障。因为知名，所以信任，也就会主动选择。你要让一个陌生的新品牌成为知名品牌，需要投入巨大的金钱和时间成本。而通向信任的路径除了知名以外，还有熟悉。那么要让一个陌生的品牌变成熟悉的品牌，你就需要一个超级符号的设计。

华与华定义的超级符号是人人都看得懂的，是人们本来都熟悉的，是蕴藏在人类文化里的"原力"，是隐藏在人类大脑深处的集体潜意识。

把超级符号嫁接给一个品牌，就能够让一个新品牌在一夜之间成为亿万消费者的老朋友，改变消费者的品牌偏好，发动大规模的购买。

在七猫项目前期高层访谈中，七猫创始人韩总对品牌符号提出了非常具体的要求，他说："目前我们的品牌logo，我要跟别人描述这个猫，很难。跟别人比起来，好像很难记住。品牌投出去钱之后，怎么样让用户记住，哪怕下载率可能只有2%，98%的用户是不下载的，怎么让不下载的人也能记住，这个可能比这2%还要重要。然后，怎么让用户想到小说的时候第一个想到七猫，在这个品类就想到七猫。"

根据七猫韩总的要求，项目组制定出七猫超级符号创作的七个原则：

1）一见如故：人人都认识、人人都熟悉、有文化原型、是大流量的符号；

2）一目了然：有自明性，不用解释就可以看懂；

3）不胫而走：是听觉设计，容易被说出来、被描述、被谈论、被播传；

4）有独特性：区别于其他品牌，可以为七猫所独占，并能注册；

5）方便大规模使用：方便在所有线上用户接触点上大规模应用；

6）视觉冲击力强：容易被发现、被识别，达到惊鸿一瞥的效果；

7）能够与"七猫"品牌名组合使用，互相强化。

最终项目组找到了"七猫"这个品牌名与生俱来的戏剧性：七猫＝"7"＋"猫"。

在超级符号创作上，首先选择了拥有2500多年历史、全世界通用的阿拉伯数字"7"作为标志设计的基本型；并通过对全世界各种猫的研究后，提炼出猫的三个最小化、最有代表性的元素——胡须、眼睛、耳朵；最后组成了大眼七猫的品牌超级符号。

借用全世界通用的阿拉伯数字 "7" 作为七猫符号基础型

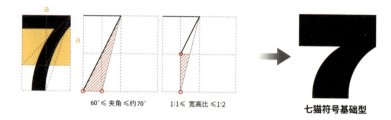

60° ≤ 夹角 ≤约70°　　　1:1≤ 宽高比 ≤1:2

七猫符号基础型

"七" + "猫" = 七猫

数字"7"基础型　　　　代表猫的最小化元素:眼睛、胡须、耳朵　　　　七猫超级符号

▲　七猫超级符号的诞生

一切传播都是符号的编码和解码。七猫超级符号先是挖掘了人类脑海中本来就熟悉的数字"7"和动物"猫"来进行编码，全世界人人都认识、人人都熟悉。同时又激发出人类集体潜意识中本来就有的对猫的好感与喜爱，让七猫这个新品牌成为亿万用户的老朋友，改变用户的品牌偏好。

▲ 华与华设计前VS华与华设计后

华与华设计的超级符号大多是"看图说话型"，看图说话，小时候就会，是识别的最低门槛；看图说话，图就是话，指向性最强，效率最高。

如果图不能说话，视觉传达和记忆就不能转化为听觉传达和记忆，这是生理学上的浪费。看图说话的标准就是让一两岁的小孩都能叫出七猫，记住七猫，这也是一个大流量的符号。

超级符号是核心品牌资产，也是流量的储蓄罐。因为有了七猫超级符号，实现了七猫韩总提出的目标——线上买量，哪怕下载率可能只有2%，其他98%的用户不下载，但只要任何有七猫超级符号出现的用户触点和买量广告上，就都能迅速被认出，并被记住。

让企业每年花出去的买量费用，都被品牌超级符号的储蓄罐存起来，这样流量不仅转换成用户规模，也转换成了品牌资产。最终让用户想到小说的时候，第一个想到的是七猫。

▲　七猫logo信息流展示

第二章

媒介组合，流量领土

在广告投放的媒介选择上，华与华提出一个"强媒体和弱媒体"的概念：公众的、公开的、贵的媒体就是强媒体；相反，精准的、私密的、便宜的则是弱媒体。

媒介即信息，形式即内容。贵的、公开的广告才有仪式性。经济学里说广告就是企业为了应对信息的不对称，给顾客发信号，信号必须够贵，如果信号不够贵，则信号无效。

比如，为什么求婚要在广场上请大家共同见证？因为那是公众的、公开的地方，信号很强。如果你去酒店开个房间求婚，没有人见证，可能第二天早上起来，就不算数了。

互联网上的媒体，就是弱媒体。首先，互联网上的媒体是一对一的，它的能量没有公开场所的媒体能量强。其次，互联网是无限的，如果你到一本杂志上去投广告，这本杂志一共100页，你的价值就占杂志的百分之一；而互联网无穷大，你投在那里的价值也就是无穷大分之一。

如果你要在互联网上将无穷大分之一变成百分之一，你就要去买流量，这个费用就比传统媒体高得多。但再多的投入在互联网上也只是沧海一粟，流量精准型广告是交易，不是打造品牌。品牌是破圈，是形成广泛的社会共识。

如果劳斯莱斯只有买劳斯莱斯的人知道，就没有人买劳斯莱斯了。消费者不仅根据购买的理由来购买，还根据社会理由购买，他看别人怎么看。

同理，如果只是看免费小说的人知道七猫，那七猫还不算是一个知名品牌，所以项目组在线下媒介的选择上，首先看重的是人群覆盖量，重点选择城市地铁站和全国绿皮火车。针对免费小说用户群体与出行交通习惯，投放了全国近800列绿皮火车，也贴合用户在出行路上用七猫免费小说app打发时间的使用场景。

　　选择投放地铁广告主要也是因为地铁流量大、覆盖广。每天上下班坐地铁的人来回两趟雷打不动，这个人群是稳定的，而且是固定的，他们每天上下班都会经过这里，都会看到。

　　同时项目组在华北、华东、华西、华南、华中五个核心大区，每个区选择1~2个核心城市。由五大核心区的一、二线城市辐射影响到周围三、四、五线城市，从而实现全国覆盖和用户拉动。

　　为什么一定要从一、二线城市去辐射呢？项目组考虑到，比如一个湖南的用户，七猫在长沙打广告，最后通过广告覆盖让长沙用户下载了七猫app。过年他回到老家怀化，身边的亲戚朋友看到他用七猫app，会觉得七猫app是大城市用户用的，七猫是个大品牌，就更有主动下载的意愿。但是如果七猫在怀化打广告，长沙的亲戚朋友看到了，可能就不会有那么大的下载意愿。

后来，项目组又发现很多高端人群不坐地铁，七猫永远覆盖不到。因为七猫只在火车中的慢车上投放了广告，高铁的广告媒介价格贵就放弃了，这样的话，坐高铁的高端人群就永远覆盖不了。

所以七猫就开始选择在机场进行广告投放：一是机场广告覆盖高端人群，势能高；二是除了北上广深以外，七猫有意选择旅游城市，因为想要打开在作者圈的知名度。头部作者待在北上广深，有机场和地铁覆盖。但是有的作者，他们居住在三、四线城市，所在城市没有地铁，但

作者喜欢旅游，所以项目组通过在旅游城市机场打广告去捕获他。

同时，为了覆盖学生、白领、家庭主妇人群，又同步投放了《向往的生活》和《王牌对王牌》等热门综艺节目，因为这些综艺节目不仅在网络上可以观看，也在湖南卫视、浙江卫视台端有播出。网端覆盖学生、白领群体，台端覆盖家庭主妇。而且这些综艺节目属于慢综，受众主要是二、三线城市及以下，这部分人跟七猫的日活用户也非常匹配。

媒介组合的本质是建立自己的流量领土，我的流量我做主！领土要强就要选择贵的、公开的、有仪式性的"公共空间媒体"，覆盖量越大越好，势能越高越好！

而且信号必须足够简单，信号能量必须足够强，必须要持续不断，并长时间重复，最好是永远重复。七猫广告投放，坚持一个原则：上去了就不下来！

在所有的媒介位上巨大的七猫超级符号与"免费看书100年，七猫免费小说"品牌谚语组成了强大的信号能量，具有视觉冲击力，容易被发现、被识别，还能发动用户帮我们传播。

七猫必读榜上这本书

第三章

购买理由，流量寄生

在2019年第一波广告投放之后，项目组发现用户冲着"免费看书100年"下载了七猫app，但打开app之后不知道看什么小说。

于是七猫开始加大在热门综艺和影视原著IP剧上植入爆款书的力度，用综艺、网剧和明星这三方流量来带书，再通过书来带用户流量。

1）2020年5月，首次在《向往的生活》节目中推广《元尊》，该书站内详情页UV（unique visitor的缩写，指通过互联网访问、浏览这个网页的自然人）增长236%，站内搜索量增长271%。

2）2020年9月，爱奇艺2020年甜宠剧《半是蜜糖半是伤》，明星播报广告上线后，站内搜索量增长1565%。

3）2021年1月，《王牌对王牌》节目中结合首期《刺杀小说家》主题植入，站内原著《飞行家》站内搜索量增长3200%。

4）2021年4月，在《王牌对王牌》第10期节目上，结合关晓彤人设，请她亲自口播的《影后她只想学习》播出后，站内搜索量增长14427%。

5）2021年6月，在《向往的生活》节目上七猫原创爆款书《你是我的万千星辰》播出后，详情页UV增长3714%，站内搜索量增长208%。

《元尊》　　　　《影后她只想学习》　　《你是我的万千星辰》

在热门综艺和影视原著IP剧做内容植入，本质上是流量寄生，把要推的书寄生在节目、网剧和明星嘉宾的流量上。该如何寄生呢？这个时候就要用到"购买理由"了。

购买理由首先是"对暗号"，关键是要通过母体性的超级词组去唤醒受众，表达品类，给出品种价值。

比如在推广影视原著上，项目组找到的母体性超级词组是"提前解锁"——影迷看完剧不过瘾，想提前了解接下来的剧情，这是一个强大的母体。也是基于这个母体，影视平台就此诞生了"超前点播"的生意。

所以根据"提前解锁"这个母体性超级词组，项目组设计出了IP剧植入的购买理由句式："下载七猫免费小说app，看×××原著，提前解锁×××剧情。"

比如在网剧《半是蜜糖半是伤》植入的明星播报上，剧中女主角江君的扮演者白鹿的台词是："想知道江君和袁帅还会发生些什么吗？下载七猫免费小说app，看《半是蜜糖半是伤》原著小说，提前解锁高甜剧情。"

第一句，以问句的形式让受众觉得与自己相关，吸引其注意力；第二句通过母体性超级词组"提前解锁"给出购买理由，并下达购买指令，也就对这部IP剧进行了流量寄生。

那么，怎样在一期综艺节目上进行流量寄生呢？

以《王牌对王牌第六季》第10期七猫内容植入为例，项目组发现这一期的明星艺人蒋欣、王子文在其主演的电视剧《欢乐颂》中饰演的角色与毛晓彤在《三十而已》中饰演的角色都有一个共同的特点：勇敢智慧、独立自强。这种特点正好符合七猫小说里的一种"大女主"类型——有主见，有个性，靠自己的努力和天赋，而非单纯依靠师傅、男伴的给予来提升晋级的女主类型小说。

所以找到了母体性超级词组"大女主"，据此选出三本大女主小说《登雀枝》《权倾盛世》《影后她只想学习》进行节目内容植入。

这期节目播出之后，《登雀枝》搜索量增长225%；《权倾盛世》搜索量增长3195%；《影后她只想学习》搜索量数据飙升，从51猛增到7409，增长14427%。

营销的本质就是传播购买理由，营销的目标就是触发行动，而母体性超级词组是购买理由的核心。人类生活是一个巨大的文化母体，永不停息、循环往复、无所不包、真实日常，找到文化母体就有了购买理由，就能实现流量寄生。

第四章

产品开发，流量耕种

华与华服务七猫客户已经有三年了，在这三年里不断地和客户一起研究流量、开发流量、经营流量。

项目组对广告拉新用户和app站内老用户的看书、找书的使用链条进行了分析梳理，发现用户始终面临着不知道看什么书的问题，如果没有强有力且有效的推荐机制，就很容易导致用户流失。

通过三年的持续广告投入，越来越多的用户知道了七猫免费小说app，但有很多用户下载之后不知道看什么书，导致装了不用。

其实这也是整个行业的最大问题，就是新用户上平台后不知道看

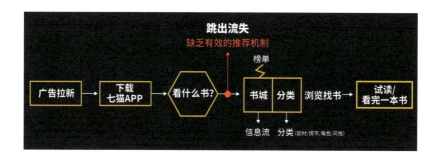

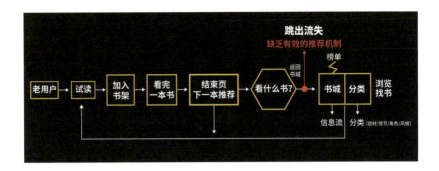

什么小说，老用户在看完一本书后遭遇书荒，由大数据生成的系统推荐又往往指向同类型作品的"重复体验"，而榜单是解决这一行业问题的有效方法。

项目组对起点中文网的榜单体系进行研究后，发现榜单不仅是一种推荐机制，更是一套产品和服务组合，影响着整个企业的经营品质。

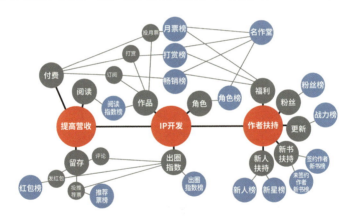

起点中文网围绕三个经营维度——用户留存＋IP开发＋作者扶持，进行榜单系列开发。一套榜单体系就是一个产品结构，每个榜单扮演着不同的战略角色，承担着不同的战略任务。

同样，七猫依托庞大的用户体量和数据库，也建立起了丰富的"榜单矩阵"。但如何让榜单推荐逻辑更科学？如何让筛选维度更全面？如何保证让读者读到最优选的作品？

2021年七猫按权重高低融合了热度、用户评价、价值导向、质量稳定性等多维度指标，开发出一款"看出来、评出来、品出来"的排行榜。华与华对这款排行榜进行了产品命名、符号设计、购买理由和广告推广的全面策划。

产品命名："七猫必读榜"——"必读"是直接下达行动指令，记忆传播成本低；"必读"代表不容置疑的权威，占领"必读"就是占领行业话语权。

符号设计：用人人都熟悉的金牌符号，设计"榜"字标，突出上榜作品优中选优的产品属性和权威感；并且采用黑黄大撞色的版式设计，因为颜色的记忆成本远远低于文字成本。

在平面设计中，色彩传达某种意义是排第一位的，而固定的版式本身也是消费者识别品牌的品牌资产。

购买理由："不知道看什么小说，就上七猫必读榜"——基于"不知道看什么小说"的母体性超级词组去对所有人下达行动指令。同时我们也并不仅仅满足于消费者的购买行为，而首先是即刻把他转化为发送者，替我们传播。

所以通过"不知道……就……"的超级句式，让用户记得住，还能口口相传。这是华与华在品牌传播上的流量循环模型，就是当流量来了之后，不仅打动用户进行购买，还要让用户替我们传播，带来新的流量。

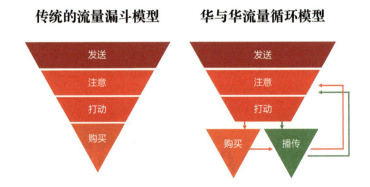

广告标配：如何让七猫必读榜成为行业知名度第一的排行榜？方法就是四个字——不断重复。

传播的基本原理——"断言、重复、传染"三部曲，"不知道看什么小说，就上七猫必读榜"直接下断言，给结论，不用说清，也不用说服，直接刺激行动反射；然后不断地重复，七猫不断重复，大众就自然相互传染。

重复是成为条件反射的必要因素，这是心理学上所说的多看效应，它是一种心理现象，指的是我们会偏好自己熟悉的事物。

人类很难分清什么是熟悉感、什么是真相，熟悉的东西会让他的

认知放松，做出舒服而轻易的判断，所以投放广告就是永远重复。广告创意，最重要的就是"不变"，最好是永远不要修改创意。

2021年开始在高势能和高覆盖量的媒介组合上不断加大七猫必读榜的广告投放力度，相当于在自己的流量领土播种耕耘，所以说产品开发就是流量耕耘！

七猫必读榜产品上线才半年，排行榜找书总转化率（找到书的人数／页面访问人数）已经达到34.5%。

华与华企业战略三观

华与华企业战略三观：增长观、发展观、生存观。

1. 发展比增长重要，生存比发展重要，发展是建立未来的生存能力。

2. 增长是短期问题，可有可无。发展是战略问题，就是要不断提高企业在未来的竞争力。

3. 生存是一切的前提。生存是命脉问题，让企业能够"永不出局"，才是老板的根本任务。

企业、个人，最愚蠢的莫过于一心贪婪于增长，而不投资于发展面向未来的能力，最终危及生存。从企业经营本身来看，企业就是经营风险的，把风险分担给别人，收益自然也归了别人。

在传统媒体投广告，是固定成本，全部风险由我们自己承担。买流量，是可变成本，没风险，但是你永远赚不到钱，你生存的全部意义就是做流量商的肉鸡。

2021年6月，世界电商巨头亚马逊突然发起"封号风波"，超过5万中国卖家被封，其中年销售50亿的帕拓逊、营收100亿的傲基和通拓，也在一朝之间归零了。这些依赖亚马逊平台流量、花费巨大代价运营崛起的一批超级大卖家的店铺和品牌，这下才知道客户和流量都不是自己的。

这几年也可以看到很多网红品牌起来得快，衰落得更快。他们都同样地依靠流量崛起，不持续买流量就卖不动货，然后流量越来越贵，成本越来越高，让自己掉进了流量陷阱。

无论是亚马逊的算法，还是天猫、抖音的算法，都是他们的算法，不是品牌的算法。更何况，流量昨天在天猫，今天在抖音，未来还会冒出谁，谁也不知道。

所以说，一时的流量红利只能管一时，不能让基业长青。想要基业长青就要记住这句话，"不要流量思维，要经营思维；不要流量导向，要顾客导向"。

企业经营的规律是流量成本越来越低，如果你的流量成本越来越高，那一定是你做得不对。

七猫现在每年保持一定比例的预算投入，细水长流，而且广告只服务于长期目标——建立品牌资产，让流量成本趋于零。华与华在七猫项目服务中，研究的就是如何用创意和媒介组合来建立品牌，降低流量获取成本。

合作三年以来，华与华通过超级符号建立了七猫流量储蓄罐；持续开发媒介组合掌握自己的流量领土；在流量领土上运用购买理由，开发产品进行流量耕种，从而造就了七猫品牌从最开始单一的线上付费流量，到现今拥有更健康、更多元的流量构成的蜕变，而且每一个流量最后都积累在品牌身上。

华与华超级符号案例
点评语

华 杉
华与华营销咨询有限公司创始人

海氏案例有两个亮点，首先是产品要互为流量入口，互为广告。产品结构要形成一个购买指南，甚至形成顾客终身购买的一个路径。那么产品结构要有指南性，就要形成它的序列和逻辑。比如说海氏以前的产品，它的逻辑是比较零散的。后来，把产品分成入门级、玩家级、商用级，就形成了很清晰的逻辑。这样一来，也给了顾客一个进阶的选择。

所以说格物致知就是格子一出来之后，自然就能够排除一些冗余的东西，管理得越少，就会管得越好。实际上，产品在原则上来说是越少越好，如果我们要增加更多的产品，就一定是它能够带来总成本领先，有共享成本平台，以及能够相互降低流量成本，那这个产品的增加才是有效的。但是往往我们都是盲目地增加产品，然后把成本越做越大。

第二个亮点是超级符号"上产品"。海氏烤箱的窗口是饼干的花边，它还有一点蕾丝的感觉，有了女性和烘焙的温柔，这也是非常精彩的地方。

190

海氏烤箱

电商企业如何建品牌

　　海氏线上试运营启动于2008年，2009年海氏品牌正式创立，十余年间充分抓住了天猫平台快速发展的红利。正如海氏创始人海空说过的一句话："感谢中国互联网快速的发展，感谢各个电商平台。"

　　但是到今天，平台流量红利在流动，抖音电商平台兴起，海氏也面临着这种流量流动、流转、流失带来的挑战。

　　华与华的企业发展观，是永不出局、不败兵法。很多电商企业尝到了电商流量红利的甜头，就形成了惯性，老想着乘平台东风抢流量红利，一次赚个盆满钵满，但是盯着增长就总是盯着眼下的短期问题。而在企业发展的长廊里，如何能够"永不出局，立于不败"，才是命脉问题，是任何一家企业、任何一个老板要解决的根本任务。

　　那么作为电商企业的海氏，该如何应对挑战？如何能基业长青呢？

引 言

纵观电商企业的发展，是一批又一批电商企业的诞生和消失，大部分企业都跳不出"其兴也勃焉，其亡也忽焉"的历史周期率。兴盛很迅速，势不可当；消亡也很迅速，突如其来。

究其背后的原因，其一，电商企业的增长更多依赖的是平台的发展，赚取的是平台高速增长的流量红利。

但是平台的流量红利是流动的，就像原来大家在谈论渠道的时候，线下是传统渠道，线上是新型渠道，流量红利从线下销售渠道转移到线上电商平台。今天大家已经在说天猫是"传统"电商平台，抖音是"新型"电商平台了。

随着流量红利的流动，每个流量平台的生态不一样，电商企业过去在原平台所积累的优势就会流失，就像依赖平台而生的一批批"淘品牌"的销声匿迹。

其二，电商企业容易陷入流量的两大困境。

困境一叫"流量囚徒"，电商企业由于过度依赖平台的流量红利，逐步被流量捆绑，没有建立起自己的流量主权。今天很多的电商企业发展越来越慢，越来越难，甚至生存都出现了问题，很迷茫，很纠结。因为他发现流量越来越贵，买不起了。不买呢，又不行。只好一买再买，利润越来越低直至没钱可赚，逐步沦为"流量囚徒"。

困境二叫"流量分散"，在移动互联时代，流量也是越来越分散的。从天猫、京东到小红书、知乎、抖音、快手、B站等，我们一直追着流量跑，就会一直被流量牵着鼻子走。

海氏烤箱的发展既抓住了平台的红利，同样也遇到了今天平台红利流动带来的压力。

平台的流量红利是流动的，任何平台的流量红利在时间的长河里，都是有期限的。只有真正的品牌红利才能永续，也只有建立品牌，才能获得高转化率、高客单价以及用户的主动搜索，进而反过来牵住流量的鼻子。

当一个企业以流量红利获得成功之后，要做的就是迅速建立品牌。只有建立品牌，才能建立起自己的流量主权，才能有真正的长足发展，最后成为百年品牌。

这就是华与华对电商企业的基本思想，也是我们2019年与海氏烤箱合作后的基本思路。

第一章

华与华品牌的标准，是品牌的技术标准

电商企业如何建品牌，首先还得重新界定品牌的标准。我们可以把品牌分为两个标准，一个是一般标准，一个是华与华标准。

一般标准，可以理解为结果标准，就是常规意义上的有点小成功、有点知名度，就被承认是一个品牌了。否则，消费者也好，市场也好，就不认这个品牌。就像华与华，按一般标准或结果标准，今天的华与华肯定是个品牌了；但按这个标准，20年前的华与华可能就还不是一个"品牌"。

另一个是华与华标准，是品牌的技术标准。华与华对品牌的标准是：无论企业是大是小，无论其知名度是低是高，如果没有形成一个完整的品牌战略三角形模型，就不算是一个品牌。

什么意思呢？一个真正意义上的品牌，一定要有一个清晰的产品结构、一套完整的话语体系、一个鲜明的符号系统。这三者我们称之为品牌三角形，这是系统性的，更是普世性的，任何行业、任何品牌都建立在这个品牌三角形之上。

再加上品牌腾飞的双翼——一句品牌谚语和一个超级符号。传

华与华品牌三角形

播的口号基本上家家有，logo、符号，甚至角色形象，很多企业也都有，但是华与华的技术标准关键在于"超级"。口号要超级，才能如同谚语一样利于"播传"；符号要超级，才能让信号能量最大化，传播损耗最小化。

所以，现在有些即便已经很有知名度、看起来很成功的企业，华与华可能认为它还没有满足品牌战略三角形的标准，就还不是一个真正意义上的品牌，这就是华与华品牌标准与一般标准不同的地方。

第二章

用华与华品牌标准重新梳理海氏

2019年，海氏来跟华与华合作的时候，核心诉求就是要建品牌。项目组的起手式就是按照品牌战略三角形模型，重新梳理了海氏的现状，梳理如下：

1. 建立三角形的第一条边——梳理清晰的产品结构

梳理产品结构，是第一个关键动作。对电商品牌来说，建立清晰的产品结构，尤为重要。可以说相比于线下销售的品牌，电商品牌的产品结构要重要得多。

因为电商是一个消费者主动浏览、主动选购的货架环境，不像线下门店，有导购员揽客、介绍，消费者进店后可以慢慢逛。消费者在线上是以秒的速度在逛淘宝，从A品牌到B品牌、C品牌，特别容易跳失，因此如何让消费者更快地选择就特别重要。

这就是建立清晰的产品结构的目的，降低消费者的购买成本，符合"三个购买"——创造购买理由、下达购买指令、建立购买指南，解决消费者购买旅程中"购买者阶段"的纠结、迷茫。

经过对海氏产品结构现状的盘点，项目组发现，海氏当时有32款产品，有烤箱、厨师机、打蛋器三大品类，烤箱在电商页面上是按照容量和价格来区分的，厨师机是按照功率来划分的（如下图）。

但这样的设置，不符合消费者的选购逻辑：一个第一次买烤箱的消费者怎么会知道自己需要买35L的还是40L的呢？也不知道300～500元的烤箱与500～1000元的烤箱有什么区别。

另外，产品结构还有一个最直接的表现，就在产品的命名上。海氏烤箱产品的原命名由十多个字母加数字组成，而字母的命名完全看不出来规则，数字的大小也没有逻辑。对企业来说，这种产品结构也不适合自己管理，完全就是企业研发人员的理解，不属于电商运营的逻辑，把产品结构做成了企业内部的"自嗨"，这种情况也是很多企业都会犯的错误。

那什么样的产品结构能够方便消费者选择呢？当然是符合消费者购买逻辑的。

华与华对于产品结构的定义是，产品结构是消费者的选择逻辑。这个道理貌似人人都懂，但是为什么还会出现这种问题？就是"你以为的你以为只是你以为"，你以为你是从消费者的角度去考虑，但其实你还是从自己的角度去考虑。所以要从真正意义上去理解一个消费者，先要拆分理解消费者的四个角色。

那么回到原点，从梳理消费者的购买逻辑开始。

消费者的购买旅程：消费者的四个角色

任何产品的消费旅程，消费者都存在四个角色：受众—购买者—体验者—传播者。

第一阶段是受众阶段：这个阶段的消费者是茫然的、容易遗忘的，品牌要做的是从茫然中唤醒消费者、刺激消费者；

第二阶段是购买者阶段：这个阶段的消费者从繁杂的购买环境中

搜寻信息，做出决策，品牌要做的是提供购买理由、购买指南，下达购买指令，打动消费者购买，促成销售；

第三阶段是体验者阶段：这个阶段的消费者怀着对产品、品牌的期待和验证心理，品牌要提供的是体验的惊喜点，创造符号化，形成仪式化；

第四阶段是传播者阶段：每一位消费者都是最好的传播者，也就是口碑，这个阶段的消费者是感性的、无意识的，品牌要做的是设计一句话让消费者主动替品牌传播。

角色	状态描述	策略目标	策略重点
受众	第一特征：茫然 第二特征：遗忘	从茫然中唤醒：沟通的发生！ 对抗遗忘：让他记住！	超级符号、品牌寄生 重复重复、全面媒体化
购买者	购买环境中的 信息搜寻者	提供信息服务！ 打动消费者购买，促成销售！	购买理由、购买指南 购买指令、菜单思维 终端生动化
体验者	期待及验证心理	有惊喜、魅力品质！ 反复购买，愿意传播！	符号化 仪式化
传播者	感性、主动 无意识	设计一句话让消费者 替我们传播	品牌谚语、话语体系 超级符号、超级画面

合作伊始，项目组对海氏做了一个企业寻宝的动作——消费者焦点座谈会，邀请了两批买过烤箱的消费者，盘点烤箱、厨师机的消费者购物旅程。

经过深入的访谈沟通，项目组发现烤箱产品跟其他快消产品相比，存在几个非常突出的特性。

其中一个特性，就是在购买中的"购买者阶段"，消费者非常纠结、迷茫。烤箱虽然已经是当下家庭厨房常见的电器产品，但是很多消费者第一次购买的时候，仍然不知道如何买。

项目组问及来访者"初次如何选购烤箱？"发现由于烤箱的区分

座谈方法 | 我们采用ORID的方法

O-实践/ 客观事实	R-感受/ 客观反射	I-意义/ 事实分析	D-行动/ 探讨
讨论消费者购买使用的烤箱/厨师机的客观事实	讨论消费者使用烤箱/厨师机的感受	解释消费者为什么会产生这样的感受	讨论接下来的行动

▲ 访谈现场照片记录

度比较低，很多人不知道如何选购，受访者购买的决策方式分两种。

一类主要是靠推荐："研究看得云里雾里，完全不懂，就直接选了朋友推荐的。"

烘焙圈具有分享的社交天性，分享可以说是人类社交的驱动。人们在烘焙的圈子里不断地分享自己的成果、工具、技能，所以我们会看到很多人的第一台烤箱，就是烘焙圈里的老师、朋友或者达人推荐的。

另一类是自己做攻略的：做攻略的时间从五六个小时到两周不等，基本上初次购买都经历过一段超长时间的做攻略的过程。

一位受访者还原自己纠结的购买历程时说："第一次买的时候在网上找攻略，发现区分太低，看来看去都差不多，连续研究了5～6个小时，最后凭自己的直觉买了。""刚买的时候也很纠结，因为产品太多了，选择性的地方也太多了。最后也差不多，反正随便买一个，不好就退货嘛。""大概花了有两周时间，因为当时在等活动，我买的是C40的新款。"

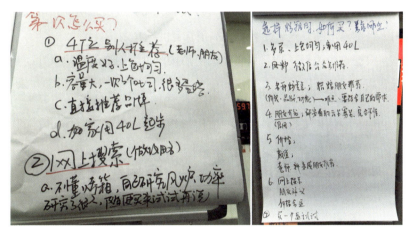

▲　访谈时现场记录

那如何降低消费者的购买决策成本，减少纠结，更快购买呢？关键是找到消费者的购买逻辑，建立产品结构。

在座谈会中，项目组发现了另一个特性，即烘焙人群具有非常明显的圈层性、进阶性：从烘焙小白到进阶玩家以及达人、老师，再到私房创业。

进阶性：从兴趣入坑—烘焙进阶—私房创业

"我觉得基本上入烘焙坑的，第一步是觉得我想要吃，以一个吃货心理进去的，去选择，去买设备，挑选设备，找食谱，开始自己做。但是到后期的话，当你有一定能力你会发现，周围的朋友会说你有没有小饼干来卖？接下来会有利益的驱动，慢慢的只是从一个普通的做客变成一个小私房的性质，或者是有一定能力会发展更大。"

——from Liang老师

其实比较好下决定，但是当你了解越多，就会越下决定去买，买一个升级版。

——from张凯捷

随着消费者烘焙技能的进阶，产品选择也在进阶。刚入坑的选择"试试再说"，进阶者会选择"升级版"，而升级成私房的，可以选用私房商用产品。这就是烤箱产品消费者的选择逻辑。

根据这个逻辑，项目组将海氏产品按照烘焙用户的进阶属性，从低到高划分、分段：

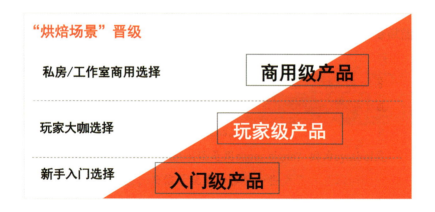

这就是海氏的烘焙进阶制产品结构，是消费者最节省成本、路径最短、选购最快的选择逻辑，也是消费者选购进阶的阶梯。

项目组将进阶产品划分为入门级C系、玩家级I系和商用级S系。在这个结构之下，又重新整理了产品的命名、数字的大小。数字从小到大代表价格从低到高，数字就是逻辑，就是规则，让消费者一看就懂。

海氏进阶式产品结构建立的过程，可以说完美实现了华与华的三个购买：购买理由、购买指令、购买指南。当消费者看到C打头的产品就知道是入门级，价格比较低；一看到I打头的产品就知道是专业级的，价格相对高一些；看到S打头的产品就知道是涉及商用的，不是家庭用的。购买理由明确，购买指南清晰。

海氏烘焙进阶制产品结构的建立，有三个重要意义：

其一，从消费者端解决了"购买者阶段"消费者选购过程中的纠结、迷茫，让处在烘焙不同阶段的消费者能够直接选择自己需求段位的产品，减少杂音，避免不必要的对比，缩短选择路径，降低消费者的购买决策成本。

其二，从企业端建立了产品结构化思维。电商企业往往都是爆品思维，频繁地上新品、推新品、造爆品，但是到底哪个能成为爆品，什么时候能成为爆品，除了人为因素，一定程度上还要看时间和运气。单纯的爆品思维不可持续，且风险也大。但是当电商品牌有了产品结构后，就有了可能的爆品矩阵，带来多个流量入口，形成多个流量的组合。同时构建产品秩序，积累品牌资产。

其三，一个清晰的产品结构，就是一套优秀的成本管理系统。海氏建立了这个产品结构之后，在产品数量上，烤箱的SKU（Stock-keeping Unit，库存单位）从25个减到13个，而每减少一个SKU，带来的就是整套成本的降低，包括生产成本、运营成本、营销成本，等等。

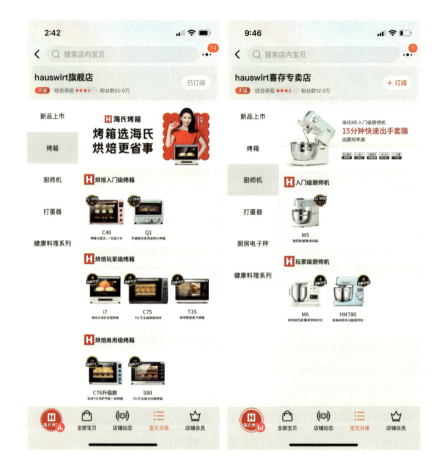

2. 创建品牌谚语，设计一句话让消费者传播

在话语体系部分，要设计一句话让消费者传播，这句话就是品牌谚语。

为什么把它叫品牌谚语？华与华是用谚语的格式和标准来创作这个口号的。因为消费者对谚语没设心理防线，没有人会怀疑谚语，它代表古老的教训和长辈的忠告。就像"饭后百步走，活到九十九"，不会有人怀疑，而且马上就能记住。

品牌谚语要是普通的道理、简单的字词、特殊的句式，能使人愉悦，能够让人一目了然、一见如故，让话语不胫而走，能让顾客口口相传，并且能够让消费者像我们希望的那样去思考、去行动。

海氏原来的口号"让爱更简单"，显然达不到如上播传的目的。

很多买烤箱的消费者研究完了也不知道如何选购，会有很多人靠别人推荐购买。那推荐的关键点在哪里呢？这个点就是播传点。

经过前期的走访，项目组发现刚进入烘焙圈层的烤箱用户特别容易被一种体验——特别麻烦，挫伤积极性。具体体现在以下两点：一是制作流程长、烦琐；二是对新手小白来说，失败率比较高，烤煳、烤过的情况屡屡发生，而且一旦失败了，下次再开机就难了，这也是烤箱开机率的一个障碍。

而海氏烤箱，主体是独立台式，操作相对简单，电子控温更精准，搪瓷内胆易清洁，再加上智能化技术持续迭代，能够提供省时、省力、成功率高的使用体验。

因此，项目组提炼出了一句绕过消费者心理防线、方便消费者推荐的品牌谚语：烤箱选海氏，烘焙更省事。

这是一句立场鲜明、逻辑性强，能让推荐者口口相传，易于打动消费者购买的话。

3. 建立海氏的符号系统及超级符号

符号系统的核心是超级符号，超级符号是人人都看得懂的符号，能够引爆人类大脑深处的集体潜意识，发动大规模购买。

一切传播都是基于符号的编码和解码，超级符号是传播效率最高、损耗最低的符号。海氏原来也有符号，但原来的符号是从德国风格的角度设计的，传播效率较低。

▲　海氏原有符号

海氏要创造一个超级符号，并且形成一整套有效率的符号系统，将其统一应用于产品符号、包装符号、广告符号，形成一个完整的、统一的系统。

海氏烤箱的超级符号从哪里寻找呢？离产品属性最近的地方就是超级符号的文化母体。

第一步，找到海氏符号的文化母体。海氏，专注于烘焙电器，海氏超级符号的文化母体就在全世界共同的烘焙场景中。

第二步，找到超级符号的原型。离烘焙最近的、最直接体现烘焙属性的全球烘焙公共符号——有着200多年历史的苏打饼干。

第三步，提取苏打饼干的超级元素并私有化，创作海氏超级符号——红色饼干H。

第四步，从海氏红色饼干H到海氏宝宝，用超级角色将符号"活起来"！

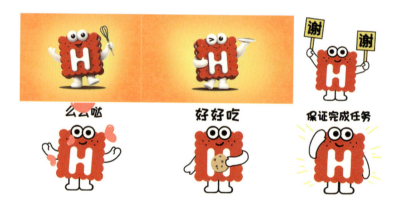

如上，项目组为海氏建立了符号系统的核心，下一步如何应用？

第三章

开发海氏品牌元媒体，
0成本建立品牌流量主权

在华与华方法的媒介环境学理论中，媒介分为"元媒体"和"延伸媒体"。简单地说，元媒体就是我们身上的、不花钱就可以使用的媒体。

超级符号怎么用呢？其核心价值的发挥关键在于元媒体。海氏作为电商小家电品牌，其元媒体跟其他项目有所不同。

回到消费者的购物旅程，项目组发现在消费者购物旅程中有三个关键价值点：

1）购买前及购买中的电商页面货架优势；

2）体验者阶段烤箱产品的体验点；

3）体验后传播者阶段的独特视觉。

1. 超级元媒体之一：购买前，建立货架优势唤醒茫然的消费者

海氏的货架有两种，一是电商渠道的货架，另一种是线下渠道的货架。

电商渠道上，各品牌烤箱产品的电商页面呈现高度同质化，产品本身的外形高度同质化，无法精准识别。

如何在页面货架上跳出来，吸引消费者的注意、点击，这是超级符号应用的第一个关键媒体——货架元媒体。

电商消费者的路径：一个页面点击跳转到另一个页面

大家每天刷手机、刷淘宝的时候是什么状态？基本上视线都会是L形的，而L形的一个扫描，只有被吸引的时候，视线才会停下来点进去。而这个被吸引的界面就是搜索页的头图，这是一个生死选择点。

头图的大小只有约2.5厘米，跟人们大拇指的第一节差不多大小。2.5厘米能做出什么设计？华与华最终找到一个解决方案，就是品牌层和平台运营规则层之间的一个共通的最优解决方案，叫作六角模型。这个六角模型已经满足了平台的运营规则，同时又让超级符号跳了出来，完美地实现了平台运营层和品牌视觉层的六个元素的高效统一。这可以说是华与华线上货架设计的一个技术标准，也是华与华对于电商方法论的一大贡献。

项目组将海氏饼干符号进行创意性表达，设计出了非常醒目的头图，让海氏产品在高度同质化的页面货架上快速跳出来，唤醒茫然的消费者，吸引其注意力，刺激其点击，并且形成品牌统一符号，成为品牌元媒体之一。项目组还将超级符号在线上进行了全面的应用，核心就是让消费者无论点到哪个页面，都像进入了海氏的专卖店，由此建立线上货架的流量主权。

另外，项目组在早期盘点海氏资源禀赋的时候，发现海氏在做一个线下的经营活动，就是通过线下的烘焙学校代售产品。只是代售的方式相对传统，有的只是样机的陈列，有的样机也没有铺陈。

▲ 海氏早期线下货架现状

这种寄卖方式存在一个巨大的浪费，对烘焙教室来说，海氏品牌的体验同样能够为对方带来流量。

因此，项目组通过元媒体开发将线下烘焙学校打造成超级符号的阵地，将线下烘焙学校、烘焙教室打造成超级货架，在推动销售的同时建立品牌主权。

2. 超级元媒体之二：体验者阶段，用产品元媒体建立机器与人之间的强连接

人与家电的关系，一般情况下都是冷冰冰的使用关系，通常只有三个使用动作。譬如用空调，开、关、调好温度；用洗衣机，开机——选好模式——按启动，等洗衣机自己转动洗好就可以了。

但是烤箱不一样，每一个做烘焙的人，在烤蛋糕、烤面包的过程中，都会数次去烤箱前，透过玻璃面板向内查看烘烤的情况，看面饼一点点发酵变得膨胀，一点点烤熟变得金黄。

这个过程中，烤箱已经从冷冰冰的机器，变成与人产生深度连接的家庭一员。可以说，人与烤箱的关系，比其他一般家电更加亲近、紧密。而这种紧密关系，就是品牌和产品创造体验价值点的关键所在。

相信每一位读者的朋友圈里，都会有这样一位喜欢分享一些烤蛋

▲　购买后的体验者阶段，人与烤箱的强连接

糕、烤面包新鲜出炉照片的朋友，好像对方突然就变成了西式大厨。在项目组访谈的这些受访者里，每个使用烤箱的消费者都会拍照打卡朋友圈。

> 消费者1："进入这个圈子之后，我与大家有了更多的交流，自己做好的糕点照片发到群里，其他人也会跟着一起做。"
> 消费者2："在厨房里开心的时刻，就是发朋友圈被点赞的时候。"

烘焙爱好者具有强社交属性，设计强体验点让消费者主动替我们的品牌传播，也是消费者购物旅程中的重要价值点。

麦克卢汉说："媒介即信息。"一般小家电产品的工业设计，都是去品牌化。但是华与华对产品的理解是，产品是消费者在"体验者阶段"为传播施力的最佳位置和环节，是最大的元媒体。

在这个阶段，通过符号建立机器与人之间的强连接，创造有惊喜、有魅力的体验，消费者就变成了传播者。

项目组在海氏既有机器的基础上做了一个持续改善，就是创造了苏打饼干形的玻璃视窗。海氏玻璃面板上都有最常规的小黑点，可以理解为"防爆波点"，项目组把这个形状改为了苏打饼干形，而这一个小改动就把烤箱变成了媒体。

海氏烤箱，一年卖出200万台，进入约200万个家庭，用户每一次使用，就是一次深度的接触体验。

每一次透过烤箱玻璃视窗看向正在发酵烘烤的面包或蛋糕，就是一次媒介触达和记忆。每一次发朋友圈晒烘焙糕点，就是一次媒体自传播。

▲ 海氏饼干形玻璃视窗

3. 超级元媒体之三：展馆货架，每一处都是媒体接触点

参展是海氏固定的经营活动，每年2～3次参展，每一次展会现场的展馆就是一个货架。超级符号的应用将展馆变成建立流量主权的最佳媒介，海氏每一个跟消费者接触的点都是一个媒体。

在此基础之上，海氏请了刘涛做代言人，这也是烤箱这个品类里面首个请代言人的案例。通过明星来向大家推荐：烤箱选海氏，烘焙更省事。

至此，华与华帮助海氏烤箱建立了全新的品牌战略三角形，从消费者购物旅程中的关键价值点切入，提升消费者的价值体验，降低消费者的购买成本。

▲ 华与华为海氏建立的全新品牌战略三角形

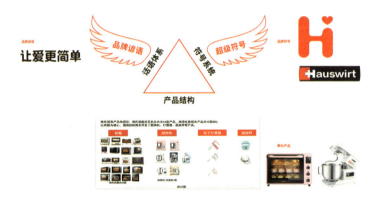

▲ 合作前海氏品牌梳理图

　　一个品牌就是一个流量主权，只有建立品牌，才能建立起流量主权，品牌自身就是流量源。

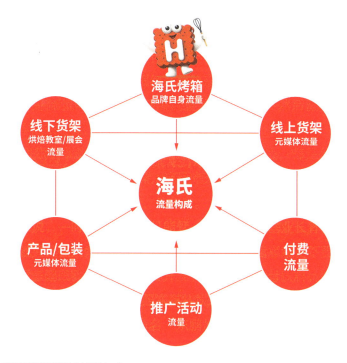

▲   海氏品牌新的流量构成

通过海氏品牌的构建，改变了过去靠买流量的单一流量构成，创建了多元的流量来源，形成了复合的流量结构，从线上到线下全方位建立起品牌的流量主权，让品牌走得更远。

消费者的四个角色

角色	状态描述	策略目标	策略重点
受众	第一特征：茫然 第二特征：遗忘	从茫然中唤醒：沟通的发生！ 对抗遗忘：让他记住！	超级符号、品牌寄生 重复重复、全面媒体化
购买者	购买环境中的 信息搜寻者	提供信息服务！ 打动消费者购买，促成销售！	购买理由、购买指南 购买指令、菜单思维 终端生动化
体验者	期待及验证心理	有惊喜、魅力品质！ 反复购买，愿意传播！	符号化 仪式化
传播者	感性、主动 无意识	设计一句话让消费者 替我们传播	品牌谚语、话语体系 超级符号、超级画面

消费者有四个角色，就是消费的四个阶段，四个情景语境，四个不同的时间、地点、信息、反应、目的、方式、内容等。

这四个情景语境是：购买前、购买中、使用中、使用后。

购买前：消费者还没有到购买场所，没有到卖场，没有上购物网站。商品还在商店或仓库，消费者还没有买它，但是消费者从广告上、从亲友口中得到了它的信息；或者在朋友家看到了它，先留个心；或者直接看到了这个商品。记住这三个情景：看到或听到广告，听到别人说，直接看到了商品。这三个情景我们在后面会介绍对应的三个方法。

购买中：消费者到达了购买场所，到了卖场，或上了购物网站，正在溜达、观察、体验。

使用中：消费者正在使用商品。

使用后：消费者使用了商品，他可能会和亲朋好友分享他的体验和评价。

我们试着分解这些环节，每一个分解动作，都蕴含着营销传播机会和方法工具。

消费者的第一个角色：受众

购买前，消费者和产品的关系是通过媒介发生的，通过电视、报纸、地铁灯箱、宣传单、互联网以及亲朋好友的介绍等各种各样的媒介，二者发生联系。

受众的第一特征是茫然，第二特征是遗忘，所以要把他从茫然中唤醒过来，这是沟通的第一要义。如何唤醒呢？首先是刺激，让他做出反应。所以，最高效率的沟通是激发受众的本能反应。受众的第二特征则是遗忘，对抗遗忘要靠重复。

消费者的第二个角色：购买者

购买前的消费者叫受众，购买中的消费者就叫购买者。购买者的核心特征是置身于购买环境中的信息搜寻者。不论是商场、超市、餐厅还是用于网购的电脑、手机，都属于购买环境。购买者的思维模式和我们的方法中对情景语境的判断一模一样。

有了购买者的思维，我们就能发掘出卖场和包装的媒体属性和媒体功能，从媒体功能的角度来设计包装、陈列和卖场效果。

购买者思维当然不仅仅是包装设计思想，还有产品开发思想——根据不同的渠道、不同的终端，开发不同的产品。在一个类别里形成完善的产品结构，可以帮助我们获得更大的陈列面。

消费者的第三个角色：体验者

使用的本质是体验，消费者的使用体验将决定品牌的最终命运。

营销传播创意，必须深入研究消费者作为体验者的行为和体验。产品开发创意，则更是从体验者的语境出发。不同的商品，有不同的使用体验。

消费者的第四个角色：传播者

对于营销人员来讲，他们关注最多的是受众，其次是购买者，再次是体验者，他们往往不会顾及传播者。传播者是最后的一环，其实也是最重要的一环，如果你能抓住传播者，就事半功倍了。

华与华方法有一条，不叫作"传播"而是"播传"，"传播关注于播，播传关注于传"。我们说，传播的关键在于播。传播是把一个东西怎么播出去，怎么播给更多人，所以传播讲"千人成本"，讲"到达率"。播传是播一个东西让它自己传，发动消费者替我们传，先考虑不花成本的"传达率"。我们要做的是，对消费者的口碑进行规划和发动。

华与华超级符号案例
点评语

华 杉
华与华营销咨询有限公司创始人

　　我经常看到有一些企业家的心不定，他做出的一些决策，你以为他想要什么，其实所有动作都是在缓解他的焦虑。我觉得六个核桃之前所做的，三年所走过的两步弯路，实际上就是缓解焦虑的行为。但是到了华与华，我们说透了之后，范总马上就接受了，坚决回到了过去正确的道路上。

　　六个核桃的整个生意建立在核桃的母体上面，可当时六个核桃创立的时候并没有文化母体四部曲这个理论，这个理论却解释了这个过程，并且指出了你之所以走弯路，就是因为离开了母体。

　　另外一点，经常有人讲电视广告创意，是要像一个小品、一部小电影一样。我觉得那种创意是没有用的，而且是有害的，因为东西太有趣了，人家就只记得故事，而不记得你的品牌。就像我们看到过很多泰国的神广告，却从来没记住泰国的品牌。所以电视广告的创意更有价值的是一些噱头，我们把它称为"超级镜头"，就像"大核桃喷射出六个核桃"，这是真正有价值的创意。

六个核桃

临大事、决大疑、定大计，
让企业定心，少走弯路

华与华的经营使命是：让企业少走弯路。作为一家咨询公司，华与华不仅仅是帮企业做"战略咨询"，同时也为企业临大事、决大疑、定大计，做决策咨询。六个核桃的案例，就是华与华让企业定心、坚持自我、少走弯路的代表案例。

华与华认为创意很重要，但更重要的是决策，而决策的背后，是定心。何为定心？华与华经常讲"哲学级的洞察，原理级的解决方案"。这里的哲学，不是指品牌的哲学、营销的哲学，而是指人的哲学、人心的哲学。《大学》中说："知止而后有定，定而后能静，静而后能安，安而后能虑，虑而后能得。"心定之后才能知止，才能止于至善。这就是企业哲学，也是华与华的企业心学。

引　言

　　2020年9月，当六个核桃找到华与华时，企业正面临着产品销量波动的困境。华与华及时准确地找到真因，临大事、决大疑、定大计，让企业定心，助其少走弯路。在一年时间里，六个核桃就快速恢复品牌销量和势能，实现营收和利润双增长。

　　2022年4月，六个核桃母公司养元饮品公布年报，2021年企业实现营收69.06亿元，同比增长55.99%；实现净利润21.11亿元，同比增长33.78%，营收和净利润双增长，加速领跑国内植物蛋白饮料行业。

第一章

找到真因，临大事、决大疑、定大计

养元饮品成立于1997年，24年间用六个核桃一款大单品，实现销售额从0至100亿的增长，并在2015年达到了巅峰。但从2016年起，六个核桃销量开始出现波动，这也是六个核桃找华与华想解决的问题。

找到真因，是华与华方法的重大战略价值。任何事情一定要找到真因，找不到真因，就无法制定对策，正所谓"临大事、决大疑、定大计"。

要找到真因，首先在于企业寻宝，找到企业过去成功的真因是什么。六个核桃过去的成功，堪称快消品行业教科书式的标杆案例，在企业寻宝的过程中，华与华总结了六个核桃过去成功的四大真因。

1）**命名的成功**："六个核桃"直接与品类产生关联，占据"核桃乳"大品类，同时"数字＋品类"的命名方式简单易记，消费者一听就能明白，一听就能记住。

2）**广告语的成功**："经常用脑，多喝六个核桃"，让

"核桃补脑"这个文化母体和消费常识直接为品牌嫁接，极大降低了品牌的营销传播成本。

　　3）**渠道策略的成功**：以"农村包围城市"的渠道策略及大流通渠道政策，布局全国100万家终端网点，用最短的时间完成了对全中国市场的覆盖。

　　4）**推广的成功**：聘请鲁豫为代言人，2010年开始从地方到央视的大传播、大广告策略，迅速打开了全国知名度。

通过这一系列动作，2010年至2015年，六个核桃进入了高速发展期，达到了近百亿的规模，但随着销量的快速增长，负面的报道也接踵而至。

2016年起，媒体对于六个核桃"是否有益大脑""是否真材实料"等问题产生了一系列质疑。而面对媒体的负面报道，企业放大了这些负面舆论的影响，接下来的动作也产生了分化：

　　1）**广告语的分化**。弱化了主广告语"经常用脑，多喝六个核桃"。2017年将主广告语换成了"狂烧脑，为闪耀"，2019年又将主广告语改为"让自然智慧，陪伴聪明的你"，将"经常用脑，多喝六个核桃"放在了从属地位。

　　2）**代言人的分化**。2018年，认为品牌需要年轻化，起用了新的品牌代言人王源。2019年，认为需要表现真材实料，将代言人换为郎朗。

可以看到，企业积极地寻求改变，三年两次更换广告语和代言人，结果却是六个核桃的产品销量持续波动，并且造成了品牌资产分化，消费者对品牌的认知也产生了分化。

十五年来，六个核桃一直在努力

让**自然智慧**陪伴**聪明的你**

智慧大使：郎朗

经常用脑 多喝六个核桃

"誉满天下，谤亦随之"

那我们寻找真因，企业为什么会出现负面舆论？

究其原因，是因为六个核桃成功了！"誉满天下，谤亦随之。"你有美誉，就一定会有诽谤，这也是人性的规律和基础。所以，负面舆论不是问题，自己过度重视负面舆论反而会造成问题，而人们往往会过于放大负面舆论的影响。

应对这些负面舆论，真正应该要有的原则是什么？是"仁者不忧，智者不惑，勇者不惧"。

所以，华与华认为，六个核桃产品销量波动的真因，不是因为媒体舆论质疑，而是舆论质疑之后，企业放大了舆论的影响，将自己的动作分化，品牌资产也分化了。

因此，解决六个核桃销量波动真因的对策，在于"宣传战"。宣传的本质就是不断重复灌输一个结论，重复不变。在宣传中，每次变化的部分，都是为不断重复的那几句话服务的。重复的部分是

"君"，变化的部分是"臣"。如果重复的部分改变了，那就出问题了。

所以，华与华对六个核桃的第一个重大判断，就是排除负面舆论干扰，坚持曾经做对了的动作，重拾"经常用脑，多喝六个核桃"这句广告语作为主宣传语，100年不变。

重拾广告语是为六个核桃制定的关键决策，但只有广告语是不够的。因此，华与华还为六个核桃制定了三大关键动作：

1）打造超级包装，基于"三现主义"的超级符号放大术，获得在终端的陈列优势；

2）用华与华"吃药三原则"，发动六个核桃品牌宣传战；

3）打造营销日历，形成品牌生物钟。

第二章

基于"三现主义"的超级符号放大术，打造超级包装

对于快消品行业来说，包装设计是品牌营销的战略重心和决胜点。商品即信息，包装即媒介，一个好的包装设计，胜过1亿的广告费。

在刚开始创作六个核桃符号的时候，项目组成员的内心可以用八个字来概括，"战战兢兢，如履薄冰"。因为这是一个曾经做到过100亿的品牌，有着十几年品牌资产沉淀，六个核桃的包装风格也已经延续了多年，每次改版都只是微调，改不好则会直接影响销量。所以项目组内部反复强调一句话："宁可不出招，也绝不乱出招。"

华与华的创意和设计都不是在办公室里靠头脑风暴想出来的，而是必须要去到现场，发现并总结出来的。项目组基于华与华方法的三现主义——"现场、现物、现实"，从事实出发，一切问题在现场，走到现场看问题。

▲　华与华六个核桃项目组成员在超市售卖产品

通过市场走访发现，六个核桃与其他快消品不同，它是一个以整箱销售为核心的产品，整箱购买产品的消费者占到90%以上。

华与华说，一切的包装设计要基于最终的使用场景来思考，项目组很快确定箱体包装设计是六个核桃包装设计的战略重心，也是品牌最重要的广告位。既然是广告位，那就要解决一个核心问题，如何用一个最大化的刺激信号来吸引消费者的注意，以谋求消费者最大的行动反射呢？

1. 用超级符号，放大刺激信号

华与华说，寻找品牌的超级符号就是找到它的"原力"，要挖掘品牌与生俱来的戏剧性。六个核桃是一个超级品牌名，那就要找到品牌与生俱来、能量最大的文化原力。项目组发挥本能，不思而得：六个核桃的文化母体，就是"核桃"本身。

找到了"核桃"这个文化母体，将核桃与品牌名结合并放大，把一颗普通的核桃，变成"大核桃"，这就是一个"大创意"。

许多品牌终其一生都想谋求一个大创意，而什么是大创意？大创意就是把创意放"大"。再小的创意，只要放得足够大，它就是大创意！

有了超级符号，项目组就基于三现主义，在包装上发挥超级符号最大的价值，用"超级符号放大术"打造六个核桃的超级包装，释放品牌最强的刺激信号。

2. 包装就是广告位，超级符号用到位

在设计包装之前，项目组先将六个核桃的箱体包装，拆解为主板面、顶面和摇盖三大关键接触点。

主板面，是包装在终端陈列的核心面，是能让消费者第一眼发现品牌的位置。

因此，首先在主板面上，放大超级符号，将"大核桃"上下撑满放到最大，释放最强的刺激信号，让消费者远远就能发现六个核桃。

▲　华与华改造前　　　　▲　华与华改造后

其次，在走访市场中项目组发现，超市在陈列六个核桃产品时，摇盖也会成为品牌露出的一面。因此，同样也放上超级符号，让一个箱子的四周都有超级符号，集中释放超级符号的能量信号。

▲　华与华改造前　　　　▲　华与华改造后

▲　华与华改造前　　　　　　　▲　华与华改造后

3. 广告语上包装，强化品牌资产

　　"经常用脑，多喝六个核桃"的广告语是六个核桃最重要的资产，也是打动消费者的购买理由。

　　因此，项目组用"中轴对称"的设计版式，将重新改版的罐体包装和广告语放至箱体顶面，在有限的空间里将六个核桃品牌名和包装放到最大，不仅加强了视觉效果，也向消费者下达了行动指令。

▲　华与华改造前　　　　　　　▲　华与华改造后

　　不仅如此，项目组还对六个核桃全系产品包装进行了重新设计，统一超级符号，统一包装版式，一以贯之。

　　在积累品牌资产的同时，放大品牌的刺激信号，让产品包装在终端错综复杂的环境中，获得陈列优势，让消费者一眼就被这颗"大核桃"所吸引，在终端用超级包装释放六个核桃品牌刺激信号。

第三章

用"吃药三原则"发动品牌宣传战

拉斯韦尔在《世界大战中的宣传技巧》一书中提到："所谓宣传，其实就是思想对思想的战争。"对于品牌来说也是如此，品牌传播的一切工作都是在对消费者进行宣传。

在回顾总结六个核桃成功的真因时项目组发现，大广告策略曾经是助力六个核桃品牌腾飞的关键，这背后是品牌对"宣传"的重视。

我们常说，企业过去的成功，是因为过去做对了一些事情，企业遇到问题，是因为把原来做对的事情给丢了。而华与华的工作，就是"捡起"——捡起曾经让六个核桃成功的决策和行动，重启大广告策略，发动品牌宣传战。

品牌宣传战，关键在于"宣传"。发动品牌宣传战，就要掌握宣传的本质——重复！勒庞在《乌合之众》一书中提到："拿破仑曾经说过，极为重要的修辞法只有一个，那就是重复。"

"拿破仑宣传三部曲"

断言、重复、传染

断言之后就是重复，没有重复就没有宣传

为此，项目组为六个核桃制定了"品牌宣传战"三大关键动作。

1. 广告标配，交品牌税，广告持续不停药，重回央视打广告

说到宣传，大家的第一反应就是打广告。那么，华与华对于广告投资的理念是什么呢？

华与华认为，投广告就是交品牌税！广告投放应该成为所有企业的标配，不要考虑它"有没有效"，因为这根本不是问题，会问这个问题的企业，本质还是企业主舍不得花钱罢了。

企业应该把投广告当交品牌税，自己定一个税率，每年首先确保把钱花光，然后再考虑效果问题，就算"没效果"，也比不投强。这就叫"广告标配，交品牌税"。

比如华与华，从2008年以来，就持续不断地在北京、上海两地的机场、航机杂志投放广告，我们给自己定的品牌税率是10%，每年的首要任务，就是保证把这10%税率的广告费花光。

这也是华与华给所有客户做的一个样本：打广告不能急功近利。不能着急了就烧钱，手头紧就全停了，始终要遵循华与华的"吃药三原则"——药不能停，药不能换，药量不能减。

六个核桃自2010年开始聘请鲁豫作为代言人，并在每年的春节、中秋等核心的销售节点，在央视大规模投放广告，让六个核桃品牌迅速打开了全国的知名度。但由于受到媒体舆论的冲击，六个核桃不仅降低了央视的投放力度，还改变了广告的内容。

因此，品牌宣传战的第一步，就是让六个核桃遵循"吃药三原则"：

药不能停——重回央视，继续投放品牌广告；

药不能换——重复宣传品牌广告语"经常用脑，多喝六个核桃"；

药量不能减——从原先的阶段性投放，改为全年不间断投放，提高曝光度。

为什么要重回央视？这是基于华与华对于媒介的理解。华与华提出媒介信号论：广告是企业给顾客发信号，信号必须贵，如果信号不贵则信号无效；信号的媒介要强，能量越强，反射越大；信号要重复，不断地重复。

试问，在中国的传统媒体中，还有哪个媒体比央视更贵？哪个媒体的信号能量比央视更大呢？答案不言而喻。

既然要重回央视，那就需要考虑到广告传播的内容是否能有效释放，是否能放大品牌传播的信号，提高宣传的效率。因此，项目组为六个核桃重新创作拍摄了全新的品牌超级广告片。

华与华创作的广告片，不是讲故事，而是"耍把戏"，是用15秒钟让人掏钱，买他第一次听到的产品。

"把戏"是什么？"把戏"是能让消费者目不转睛地看，一字不落地听，全盘接收你传达的意见，并倾向于接受你提供的结论。

华与华对于广告片的创作，有四大原则：

1）记住品牌叫什么名字——记住我是谁；

2）记住商品长什么样子——记住我的样子；

3）给人购买理由和冲动——知道好在哪儿，让人想买；

4）建立品牌符号和企业战略优势——留下品牌资产，让人认准了下次再来、持续购买。

如今，观众对广告片的"耐药性"越来越高，沟通的成本也越来越高。基于此，在创作六个核桃超级广告片时，项目组抓住了两个核心：一个是重复，一个是"耍把戏"。

1）重拾经典广告语，广告片里说三遍

在给六个核桃创作的超级广告片中，15秒里广告语重复了三遍：

经常用脑，多喝六个核桃！脑子666！

经常用脑，多喝六个核桃！脑子666！

经常用脑，多喝六个核桃！脑子666！

项目组遵循"翻拍经典，注入流行"的创作原则，在品牌广告语重复三遍的基础上，融入了最符合六个核桃的流行语——"脑子666！"充分发挥品牌名"六个核桃"与生俱来的戏剧性，为六个核桃注入了新的品牌资产。

2）郎朗抱上"大核桃"，超级镜头"耍把戏"

华与华的超级符号和电视广告从来都是一体的。大创意就要"大"创意，在包装上通过超级符号"大核桃"释放强大的能量信号，在广告片中也同样适用。

一个好的广告片，就是要让代言人和产品产生互动，并"耍起把戏"。因此，项目组制作了一颗"大核桃"，让代言人郎朗在广告片中始终抱着"大核桃"，让六个核桃的包装从"大核桃"中"喷射"出来，并且将这个"超级镜头"在15秒中重复三次，牢牢抓住观众的眼球。

值得一提的是，这条全新的超级广告片，就连代言人郎朗在拍摄现场都称赞道："我喜欢这次的创意！抱着一个大核桃，肯定能让观众记住！"

2. 进高铁，进社区，多打硬广告，少做软宣传

在品牌宣传战中，除了央视，项目组还选择了高铁站和社区电梯，作为六个核桃的品牌宣传阵地。这也是遵循六个核桃企业自身的现状和禀赋而做出的选择。六个核桃的核心销售渠道在下沉市场，因此项目组建议六个核桃占领高铁站这一广告场域。

为什么选择高铁站？首先，高铁站覆盖面广，上到一、二线城市，下到五、六线县城，所覆盖的人群满足六个核桃全国渠道布局的要求。

其次，节日是六个核桃重要的营销节点，也是高铁站人流的高峰期。以春运为例，每年春运大约40天的时间里，有30多亿人次的人口流动，被誉为人类历史上规模最大的周期性"人类大迁徙"。这便意味着，春运期间30多亿次的人流，就等于30多亿次的广告曝光。因此，2021年六个核桃在全国500多个高铁站，投放了大屏LED平面广告，覆盖核心销售市场。

六个核桃铺天盖地的广告，不仅发出了品牌强有力的信号，还增强了各地经销商对品牌的信心，2021年中秋销售目标超额完成，达成率为104%。

对于快消品企业来说，媒介投放要打"组合拳"。高铁站覆盖了核心销售市场，而社区电梯广告，就是要覆盖家庭日常饮用的消费人群。

六个核桃与新潮传媒达成年度战略合作，覆盖全国28个省，100多个城市，60多万部电梯，与高铁广告双管齐下，形成同频的宣传节拍。

3. 占堆头，刷门头，终端全面媒体化

据美国广告协会统计：消费者中19%是事前决定要什么而走进商店的，而其余的81%则是受终端媒体化的影响而购买的。因此，终端是消费者实现购买的第一现场，也是品牌在渠道的"战场"，谁掌握了终端，谁就拥有了主动权。

六个核桃的渠道分布是以KA（Key Account，大型连锁渠道）这一流通渠道为主，全国拥有100万家终端。如何让消费者在终端上一眼就看到六个核桃的货架，并且被吸引购买更多的产品，是销量提升的关键，也是快消品销售中最为重要的一环。

KA渠道占堆头

KA渠道的终端不仅是消费者购买的第一现场，还是品牌向消费者传播的"道场"。

在超市里有更多货柜、更多产品、更多物料露出品牌信息的，消费者往往会认为是大品牌！因此，占领堆头，将KA终端的堆头打造成品牌的"道场"尤为重要。

　　打造六个核桃的KA品牌"道场"，核心是提升品牌发现感，让六个核桃堆头能从众多产品中脱颖而出。因此，在设计中，核心是放大六个核桃的品牌名、大核桃符号和代言人郎朗的形象。

　　项目组针对不同堆头的类型，制作成《终端全面媒体化落地执行手册》，让全国的经销商好执行、好操作、好落地。

▲ 六个核桃终端实拍照片

流通渠道刷门头

流通渠道主要是以小型超市、小型食品店、小型百货店为主，在流通渠道，终端门店就是品牌最佳的广告位。

其中，门店的门头是各大品牌抢占的第一广告位，早在2005年，华与华就为晨光文具制定了门头战略以及晨光样板店工程，一直延续至今。

因此，项目组为六个核桃规划了终端流通门店刷门头工程，并在四个月的时间里快速执行，统一放上了"大核桃"超级符号，在县级市场释放能量最强的媒介信号。

▲ 六个核桃终端实拍照片

第四章

打造全年三大营销日历，形成品牌生物钟

营销日历就是"品牌生物钟"，就是给品牌形成固定的营销节拍和主题，重复积累，把营销活动也做成品牌资产，形成品牌生物钟——在内部形成所有员工一年的工作节拍，自动重复，精益求精；在外部，则是在顾客脑海里形成消费生物钟，到时间他就来。

六个核桃在过去多年的实践中，已经形成了一套标准的时间节拍。项目组在六个核桃以往经验的基础上，稳固延续品牌资产，打造三大营销日历：高考季、中秋节和春节。

1. 高考季，扎根文化母体：孩子高考，多喝六个核桃

每年的4～6月正逢火热的高考备考时期。因此，每年六个核桃都会聚焦在高考的主题上进行品牌传播活动。

聚焦高考，首先是要创作一句高考季的核心传播话语。我们说，广告语不是我们创作一句话告诉消费者，而是创作一句话让消费者说给别人听，要找到文化母体。

顾名思义，高考的文化母体是"高考"本身，首先要先占住"高考"这个词。是谁高考呢？是孩子高考。那么宣传对象，就是家里有孩子正在准备高考的家长。

因此，项目组将话语寄生在母体之中，并延续"经常用脑，多喝六个核桃"的超级句式，创作了六个核桃高考季的核心传播话语——"孩子高考，多喝六个核桃"。

项目组还创意制作了六个核桃高考季TVC（television commercial，商业电视广告），延续"孩子高考，多喝六个核桃"和"666"的品牌资产。高考季TVC广告词：

这段时间，孩子高考，特别用脑！
多喝六个核桃，脑子666！
每天一罐，六个核桃，补充核桃营养！
孩子高考，多喝六个核桃，脑子666！
每天一罐哦。

为了放大六个核桃高考季的能量信号，华与华和客户共同创意策划了"六个核桃·孔庙祈福大典"活动，在高考倒计时100天时一同前往山东曲阜孔庙，为全国广大考生祈福，并联合曲阜孔庙，发布了最新联名产品——六个核桃"孔庙祈福罐"。

同时发起百所高中"六个核桃·孔庙祈福站"巡回活动，从高考倒计时100天起至6月7日高考日，在全国92个市场105所高中进行祈福巡回，现场免费派发核桃乳，并发起"写下高考愿望，为你送到孔庙祈福"的活动，为全国考生搭建一个"孔庙祈福平台"。

2. 中秋节、春节，稳固品牌资产：六个核桃，六六大顺

中秋节和春节是六个核桃全年最重要的两大营销节点。因此，在营销主题上，首先要做到一以贯之，稳固延续品牌资产。

华与华的品牌资产观，是能给企业带来效益的消费者品牌认知，做任何一件事、一个创意、一个设计、一个活动，都要问自己：能不能形成资产？能不能保护资产？能不能增值资产？如果能，就坚决重复投资。

自2013年起，六个核桃的节庆主题一直是"六个核桃，六六大顺"，这是在过年过节家庭团聚、走亲访友时，让消费者传递的一句美好祝福。

因此，在中秋节和春节的营销上，项目组建议持续投资"六个核桃，六六大顺"这句广告语，管用100年。

▲　中秋节与春节在广告语上的持续投资

其次，项目组还对终端的堆头进行了主题化设计，将堆头设计的重心聚焦在围挡和插卡的氛围营造上，不仅放大了终端的刺激信号，还提升了终端的节庆热卖氛围。

不仅如此，针对中秋节和春节这两大营销节点，品牌TVC项目组

也同步进行了创作拍摄，延续"大核桃"和"666"的品牌资产，统领节庆期间在央视上的传播。中秋节/春节TVC广告词：

六个核桃，送孩子，学习666！

六个核桃，送亲友，工作666！

六个核桃，送长辈，身体666！

春节送礼/中秋团圆，六个核桃，666！

品牌资产原理

对品牌营销传播的一切工作、一切动作，我们都要从成本和投资的角度来看。花的钱不仅要少，不是花掉以后就没了，而是要让广告变成储存罐，作为资产攒下来，50年后还能从中得到利息。

什么是品牌资产？品牌资产就是能给企业带来效益的消费者的品牌认知。品牌资产的定义背后是华与华的一个基本原则——始终服务于最终目的。

我们的最终目的，是要获得效益，能够给我们带来效益的消费者的品牌认知就是我们的资产。不能带来效益的，我们就不管它，这样就能排除废动作。

我们要找顾客要两个效益：

第一，买我产品，即购买我的产品或服务；
第二，传我美名，你得出去跟别人说我好。

买我产品是向我买，要他买我的产品，就要有购买理由；传我美名就是替我卖，就要有供他去识别、记忆、谈说的词语、符号、话语和故事。我们做品牌，就要有品牌资产观，能够形成品牌资产的事情我就做，不能形成品牌资产的事情我就不做。

而一个品牌的资产流失往往是企业品牌营销当中最普遍、最严重的问题，造成这一问题的原因有两个：

一是分析问题的时候找不到真因，继而就会做出错误的判断。

二是焦虑，一焦虑就乱动作。人在做出判断的时候，并不是很肯定自己的判断是对的，但是他焦虑。焦虑就要有动作，就要改一改，就要动一动。

因此，品牌资产的保值增值，重点是防止品牌资产流失。每一个企业，每一个品牌，每一天都有大量的造成品牌资产流失的废动作、反动作。我们要对顾客对品牌的认知进行盘点，盘点之后要排序，排出营销传播投资的优先级；然后在这些品牌资产中，要决定做哪些，不做哪些；同时判断未来服务于企业发展，还需要什么样新的资产，列出品牌资产的目标，再进行品牌资产的投资。这个投资投入的是时间、金钱，并且要有一个路线图去完整地规划，一步一步去做，最终达到品牌资产的长期积累。

文化母体四部曲

在《超级符号原理》一书里，华楠提出了文化母体四部曲：寻找母体 → 回到母体 → 成为母体 → 壮大母体。

六个核桃不仅是品牌推广，而且是整个企业的生意，都建立在文化母体四部曲之上。

2005年，范总找到"核桃补脑"这个文化母体，然后回到母体，开发了"六个核桃"这款产品。通过推广"经常用脑，多喝六个核桃"这句广告语，使其成为母体，消费者不仅吃核桃，还喝六个核桃，所以六个核桃最后成功了。

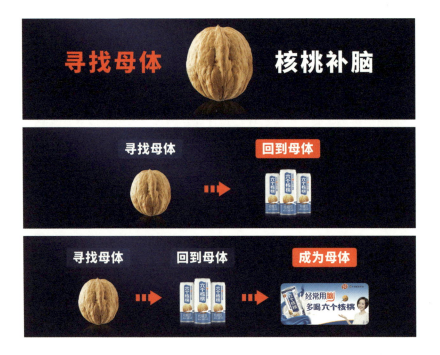

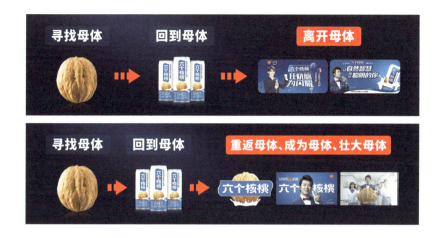

　　但后来出现销量波动，就是因为改变了广告语，离开了母体。华与华现在做的，就是让六个核桃重返母体，继续成为母体，并且持续壮大母体。

　　所以，在六个核桃案例上，大家能真正看到更深层次的理论和实践相结合，可以说是文化母体的代表案例。

附 录

2021第八届华与华百万创意大奖赛现场回顾

2021年12月21日，第八届华与华百万创意大奖赛在上海静安区香格里拉酒店隆重举行。

第八届百万创意大奖赛中，爱好文具、东鹏饮料、七猫免费小说、蜜雪冰城、KK少年、潭酒、海氏烤箱、六个核桃八大项目同台竞演。经评委们仔细审议，华杉最后决出了第八届华与华百万创意大奖赛的第一、二、三名。

▲　2021第八届华与华百万创意大奖赛第一名（蜜雪冰城项目）

▲　2021第八届华与华百万创意大奖赛第二名（KK少年项目）

▲ 2021第八届华与华百万创意大奖赛第三名（潭酒项目）

▲ 八大项目同台竞演·爱好文具

▲　八大项目同台竞演・东鹏饮料

▲　八大项目同台竞演・七猫免费小说

▲ 八大项目同台竞演·蜜雪冰城

▲ 八大项目同台竞演·KK少年

▲　八大项目同台竞演·潭酒

▲　八大项目同台竞演·海氏烤箱

▲ 八大项目同台竞演·六个核桃

▲ 华杉发表主题演讲

特别鸣谢

自2015年起，华与华每年都会在内部案例当中评选出年度百万创意大奖，第一名的案例将获得100万元人民币的大奖。

有资格角逐百万大奖的案例必须满足以下三个标准：

1. 业绩第一，必须要让客户的生意有明显的增长，对品牌有重大的提升；
2. 因果明确，是找到了真因，找到了战略重心，投入在决胜点上，一战而定的关键动作；
3. 推动行业进步。

华与华在公司内部建立起评选"超级创意"标准的同时，也希望这套评选标准能够成为行业的"超级创意"标准。

因此，2019年我们首次将百万创意大奖赛进行对外公开售票，并在同年启动了《华与华超级符号案例集》的汇编工作，呈现华与华方法是如何在不同领域用同一套创意标准来持续输出超级案例的。

自此，《华与华超级符号案例集》系列书籍的出版，已经成为华与华每年的重要事项之一。伴随着2021年12月第八届百万创意大奖赛的结束，我们也同步启动了《华与华超级符号案例集3》的编撰工作，本书对入围第八届百万创意大奖赛的八大案例进行了详细拆解，详尽地展示了成功案例的形成过程。

一年一届百万创意大奖赛，一年一本《华与华超级符号案例集》，我们将会秉持华与华滴水穿石的精神，年年不间断，将《华与华超级符号案例集》系列书籍持续出版下去，将华与华方法传递给更多有需要的人、有需要的企业，正心术，立正学，走正道。

在这里，感谢每一位为本书编撰做出巨大贡献的伙伴（按本书案例排序）：

蜜雪冰城项目组：贺绩、杨鹏宏、冯雨、徐前程、唐进红、李兵、杨婷婷、吴宏普、何梦微

KK少年项目组：许永智、刘扬、张少彬、禹玉良、彭许崴、付洁

潭酒项目组：贺绩、严凌伟、高明、郭鑫、陈燕芬、杨亦超、张明增

爱好项目组：倪珺芳、糜嘉滢、徐旭东

东鹏项目组：宋雅辉、周庆一、王莹、王国任、靳丙银、冯嘉琪、王慧敏

七猫免费小说项目组：贺绩、严凌伟、杨传涛、郭鑫、李建、袁创、南家杰、游佳乐

海氏烤箱项目组：宋雅辉、雷莉、刘亚萍、尹媛、黄多多

六个核桃项目组：颜艳、夏鸣阳、黄晨涛、查胜利、于杰、刘伟、禹玉良

华与华商学：颜艳、夏晓燕、李瑶、冯臻、刘庆庆

李　瑶

华与华商学